아무것도 하지 않으면
아무 일도 일어나지 않는다

아무것도 하지 않으면
아무 일도 일어나지 않는다

인생의 판을 뒤집는 아들러의 가르침

기시미 이치로 지음
전경아 옮김

살림

일러두기

1. 이 책은 일본 NHK에서 4회에 걸쳐 방송한 〈100분의 명저: 알프레드 아들러의 『인생의 의미의 심리학』〉을 엮은 것입니다.

2. 독자의 이해를 돕기 위하여 기시미 이치로가 강연에서 설명한 아들러의 『인생의 의미의 심리학』 원문을 파란색으로 넣었습니다.

모든 인간은
대등한 관계에 있다

:

『인생의 의미의 심리학What Life Should Mean to You』의 저자 알프레드 아들러Alfred Adler(1870~1937)는 지금으로부터 1세기쯤 전에 활약했던 오스트리아 태생의 심리학자 겸 정신과 의사입니다. 우리에게는 아주 최근까지 이름이 거의 알려지지 않았으나 미국에서는 프로이트Sigmund Freud, 융Carl Gustav Jung과 나란히 '심리학의 삼대 거장' 중 한 사람으로 높은 평가를 받아왔습니다.

아들러 심리학의 특징은 모든 인간관계는 '수직'이 아니라 '수평' 관계이며 모든 인간은 서로 대등하다고 생각한다는 것입니다. 대등하다는 개념은 안타깝게도 민주주의가 발전한 오늘날에도 아직 진정한 의미에서는 실현되었다고 볼 수 없습니다. 21세기에 들어온 지금도 여전히 아이가 어른보다 아래에 있다고 생각하는 사람이 많으니까요. 지금도 그러하니 당시에는 어땠을까요? 아들러는 이미 1920년대에 "함께 사이좋게 살고 싶다면 서로를 대등한 인격으로 대하지 않으면 안 된다"(『왜 신경증에 걸릴까 Problems of Neurosis』)라고 주장했습니다. 이를 생각하면 그는 그야말로 시대의 선구자였다고 말할 수 있으며 시대가 여전히 아들러를 따라가지 못하고 있다 해도 과언이 아닙니다. 곧 살펴보겠지만 아들러는 "모든 고민은 인간관계에서 비롯된 고민이다"라고 했습니다. 그런 인간관계 문제를 해결하기 위해 아들러가 제안하는 수많은 조언은, 인간과 인간이 대등하다는 의미를 진정으로 이해하지 못한다면 도리어 인간관계를 해칠지도 모릅니다.

제가 처음으로 아들러의 저서를 접한 것은 결혼하고 첫아이가 태어난 삼십 대 무렵이었습니다. 당시 우리 집에서는 아내가 바깥일을 하고 있었고, 비교적 시간이 자유로웠던 제가 아이를 어린이집에 보내고 데려오는 일을 도맡아 했습니다.

아무것도 하지 않으면
아무 일도 일어나지 않는다

아이는 이상만큼 순종적이지 않아서 부모 뜻대로 행동하지 않습니다. 그래서 아이와 보내는 하루하루는 예상과 달리 여간 힘든 게 아니었습니다. 어떻게 하면 아이와 사이좋은 관계를 맺을 수 있을까 고민하다가 정신과 의사인 친구에게 상담했는데, 그때 추천받은 책이 아들러의 『아이의 교육The Education of Children』이었습니다. 이 책을 읽고 제가 그때까지 육아에 대해 아무것도 모른 채 아이를 대했다는 사실을 깨달았습니다. 부모님이 나를 쉬이 키웠다고 해서 나도 아이를 쉬이 키울 수 있는 건 아니라는 뜻입니다. 손이 많이 가는 아이를 돌보느라 매일 고군분투하면서 아들러의 저서를 차례로 읽었습니다.

이윽고 저는 아들러 저서의 번역에 착수했습니다. 원래 고대 그리스 철학을 연구하던 저였으나 아들러 사상을 안 이후로 아이와 관계가 좋아졌음을 강하게 실감하고 많은 사람에게 아들러의 생각을 알리고 싶었기 때문입니다. 철학자가 심리학을 연구한다고 하면 신기하게 여기는 사람들이 있습니다. 하지만 심리학은 애초에 철학에서 시작되었습니다. 심리학을 영어로 사이콜로지psychology라 하는데, 원래 그리스어 프시케psyche와 로고스logos를 조합해 만든 말로 '혼(정신·마음) 이론'이라는 뜻입니다. 소크라테스는 바로 이 혼을 최대한 훌

릉하게 만드는 것을 '영혼 보살피기'라고 했습니다. 그리스
어로 프시케 테라페이아therapeia입니다. 영어 사이코세러피
psychotherapy(심리치료)가 바로 여기에서 유래했습니다. 만약 소크
라테스가 현대에 태어났더라면 정신과 의사나 카운슬러가 되
었을지도 모릅니다. 아들러의 아들이자 정신과 의사인 쿠르
트 아들러Kurt Adler도 아버지는 "팔걸이의자에 앉아서 관념만
을 추구하는 인텔리와는 정반대의 존재였다"라고 말합니다
(에드워드 호프먼Edward Hoffman, 『아들러의 생애The Drive for Self: Alfred Adler
and the Founding of Individual Psychology』). 저는 아테네에서 매일 청년들
과 대화를 나누며 지내던 소크라테스에게서 낮에는 환자를
진찰하고 밤에는 카페에서 친구와 담소를 나누던 아들러의
모습을 겹쳐 봅니다.

이번에 소개할 명저로 아들러의 많은 저서 중에서 『인생
의 의미의 심리학』을 택했습니다. 독일어를 모국어로 하는 아
들러가 처음으로 영어로 쓴 책입니다. 아들러 심리학 전반에
대해 알고 싶은 사람은 아들러의 다른 저서와 마찬가지로 전
문용어로 씌어 있지 않은 이 책을 흥미진진하게 읽을 수 있을
것입니다.

처음에 이야기한 것처럼 아들러 심리학은 우리에게 지금

까지 거의 알려지지 않았지만, 철학자와 청년이 주고받는 대화 형식으로 아들러 심리학을 소개한 『미움받을 용기』가 베스트셀러가 된 이후로 많은 사람에게 알려지게 되었습니다. 아들러 심리학에 관심이 있는, 나아가 이번에는 아들러 본인의 저작이 궁금한 사람에게 권하고 싶은 책이 바로 『인생의 의미의 심리학』입니다. 아들러는 결코 특별한 이론을 내세우지 않았습니다. 평소 상식과 남들이 강요하는 가치관에 의문을 느낀 사람이라면 상식의 자명성을 의심해도 괜찮다는 사실을 알게 될 것입니다.

쿠르트 아들러는 아버지가 "인간의 존엄을 되찾았다"라고 말했습니다. 이것이 대체 무슨 의미인지 천천히 밝혀보겠습니다.

차례

제2부

자신을 괴롭히는 것의 정체

제3부

⁝ 인간관계
전환하기

제4부

⋮ 자신과 타인에게
용기 불어넣기

마무리하며

제1부

인생을 변화시키는
'역전의 발상'

실천을위한
심리학

아들러의 관심은 '인간 일반'이 아니라 살아 있는 몸을 지닌, 피가 통하는, 눈 앞에 있는 '이 사람'을 향하고 있습니다.

∶

우리는 흔히 창시자의 이름을 따서 '아들러 심리학'이라 부릅니다. 하지만 아들러 본인은 자신의 이론을 '개인심리 학individual psychology'이라고 불렀습니다. 개인심리학에서 '개인 individual'은 '분할divide할 수 없는 것'(라틴어로는 individuum)이라 는 뜻입니다. 아들러는 인간을 이성과 감정, 의식과 무의식, 몸과 마음처럼 이원론으로 보는 것에 반대했습니다. 개인심리학은 '분할할 수 없는 전체로서 인간을 고찰하는 심리학'이라는 의미입니다. 그는 왜 인간을 이원론으로 보지 않았던 것일까요? 그 이유를 곧 설명하겠습니다.

마음이 몸을 지배하는지 아니면 몸이 마음을 지배하는지 사람들은 늘 논쟁을 벌여왔다. 철학자들 역시 이 논란에 가담하여 어느 한쪽 관점을 취했다. 그들은 각자 관념론자 또는 유물론자를 자처하며 무수한 갑론을박을 벌였다. 그럼에도 이것은 여전히 골치 아프고 해결되지 않는 문제로 보인다. 어쩌면 개인심리학이 이 문제에 대한 해결책을 내놓을 수 있을 것이다. 왜냐하면 개인심리학에서 우리가 관심을 기울이는 것은 마음과 몸의 일상적인 상호작용이기 때문이다. 개인들(마음과 몸으로 이루어진)이 우리에게 치료를 받으러 온다. 만약 우리 치료가 잘못된 것이라면 우리는 그들을 도울 수 없을 것이다. 따라서 우리 이론은 반드시 경험을 통해 성장해야 하며, 실제 적용 시험을 통과해야만 한다. 우리는 이 상호작용의 결과들을 다루면서 올바른 관점을 찾기 위해 혼신을 다해 의욕을 불태워야만 한다.

개인심리학이 발견한 것들은 이 문제를 둘러싼 많은 갈등을 제거했다. 단순한 '양자택일' 문제는 더 이상 남아 있지 않다. 우리는 몸과 마음 모두 인생의 표현임을 안다. 둘 다 전체로서의 인생을 구성하는 요소들이다. 우리는 그 전체 안에서 그것들이 서로 주고받는 상호관계를 이해하기 시작했다.
_『인생의 의미의 심리학』, 제2장 마음과 몸, '마음과 몸의 상호작용'

아들러가 이 명칭을 선택한 또 한 가지 이유는 아들러의 관심이 '인간 일반'이 아니라 살아 있는 몸을 지닌, 피가 통하는, 눈앞에 있는 '이 사람'을 향하고 있기 때문입니다. 아들러는 인간을 유형으로 분류하기를 거부하면서 다른 누구와도 바꿀 수 없는 개인의 독자성uniqueness에 주목했습니다.

아들러는 개인심리학에 대해 다음과 같이 말합니다.

인간을 이해하기는 쉽지 않다. 개인심리학은 아마 모든 심리학 중 가장 배우고 실천하기 어려울지 모른다. 우리는 언제나 전체 이야기에 귀를 기울여야만 한다. 해결의 열쇠가 자명해질 때까지 내내 의심해야만 한다.(『인생의 의미의 심리학』, 제4장 초기 기억, '성격의 열쇠')

여기서는 '실천'이라는 말에 주목할 가치가 있습니다. 아들러의 이론은 굉장히 간단명료해서 책을 읽기만 해도 당장다 이해했다고 느끼는 사람이 많습니다. 하지만 가령 사진술 해설서를 읽고 구도 잡는 법이나 사진 촬영 기법을 알았다고 해서 당장에 좋은 사진을 찍을 수 있을 리 만무합니다. 마찬가지로 이론을 이해하는 것만으로는 충분하지 않습니다. 실천이 뒤따르지 않으면 아무 소용이 없습니다.

그렇다고 "하루아침에 배울 수 있는 과학"(『아이의 교육』)이 아니라는 아들러의 이론을 반드시 실천을 통해 체득해야 한다는 뜻은 아닙니다. 이해하려고도 하지 않는 사람이 널렸기 때문입니다.

태어나 네다섯 살이 되면 아이들은 정신적 추구를 하나로 통일하고 마음과 몸의 기본관계를 수립한다. 자신의 정서적·신체적 습관 및 특성과 들어맞는 하나의 고정된 생활양식을 형성하는 것이다. 여기에는 많든 적든 특정 정도의 협력이 포함된다. 그리고 이 협력의 정도를 통해 우리는 개인들을 이해하고 평가하는 법을 배운다. 예를 들어 모든 실패의 공통분모는 협력하는 능력의 부족이다. 여기서 우리는 또 다른 심리학의 정의를 내릴 수 있다. 심리학은 협력의 결핍을 이해하는 것이다. 마음은 단일한 통일체이고 삶에 대한 태도는 내내 동일하게 유지되므로 마음의 모든 표현, 개인의 모든 감정과 사고는 자신의 생활양식과 서로 일치해야만 한다. 만일 감정이 문제를 일으켜서 개인의 행복에 역행한다면, 이런 감정을 변화시키려고 애써봤자 아무 소용 없다. 감정은 개인의 생활양식에서 우러나온 표현이어서, 생활양식을 바꾸지 않는 한 이런 감정을 뿌리 뽑을 수 없다.

여기서 개인심리학은 교육과 치료를 바라보는 우리의 관점과 관련하여 특별한 힌트를 준다. 우리는 절대 어떤 사람의 성격 중 한 측면 또는 한 증상만을 다루어서는 안 된다. 우리는 사람들이 생활양식을 선택할 때 내리는 잘못된 가정을 발견해내야 한다. 그들의 마음이 자신의 경험을 해석하는 방식, 그들이 인생에 부여하는 의미, 몸과 환경으로부터 받는 느낌에 그들이 반응하는 행동에서 내리는 그릇된 추정을 찾아내야 한다. 이것이 심리학의 진정한 과제다.

_ 「인생의 의미의 심리학」, 제2장 마음과 몸, '정신적 특성과 신체 유형'

아들러의 저서를 읽노라면 저는 늘 고대 그리스의 소크라테스가 떠오릅니다.

처음에는 뭔가 다른 데서부터 이야기를 시작했는데, 소크라테스의 말에 끌려다니다 보면 결국에는 반드시 그 사람 본인에 대한 이야기로 흘러갑니다. 그리고 자신이 이때까지 어떤 식으로 살아왔는지, 지금 어떤 삶을 살고 있는지 털어놓게 됩니다. 일단 그렇게 되면 그 사람이 자기 자신에 대해 낱낱이 완벽하게 살펴보기 전까지 소크라테스는 그를 놔주지 않을 것입니다.(플라톤, 『라케스Laches』♦)

소크라테스와 아들러 모두 삶을 엄밀히 고찰했으므로 때로 귀를 막고 도망치고 싶어질 때가 있었을지도 모릅니다. 하지만 아들러는 과거의 삶을 분석하는 데만 매달리지 않았습니다. 그러기는커녕 그는 과거의 인생은 앞으로 인생을 어떻게 살지에 영향을 미치지 않는다고 말했습니다.

대체 아들러가 왜 그런 말을 했는지 구체적인 내용은 앞으로 자세히 설명하기로 하고, 일단은 왜 아들러가 이런 독자적인 이론을 구축하기에 이르렀는지 그의 생애를 돌아보며 알아보기로 하겠습니다.

♦ 플라톤의 초기 대화편 중 하나. 청년의 '교육'과 '용기'에 대해 아테네의 유력자들, 장군들과 소크라테스가 논쟁을 벌인다. 라케스는 장군 가운데 한 명의 이름. 인용은 장군 니키아스가 소크라테스를 평한 말이다.

아무것도 하지 않으면
아무 일도 일어나지 않는다

신체적
핸디캡의 영향

머리가 우수하고 건강해서 마음껏 활동할 수 있는 형에게 강한 라이벌 의식을
느낀 아들러는 자신이 형의 그늘과 같은 존재라고 생각했습니다.

⋮

알프레드 아들러는 1870년 빈 근교의 루돌프스하임에서
유대인 가정의 칠 남매 중 둘째(형 한 명, 남동생 네 명, 여동생 한
명)로 태어났습니다. 곡물상을 운영하던 부친 레오폴트는 유
대인에게 많은 권리를 보장해주던 부르겐란트 주 출신이라서
집안 사정은 비교적 넉넉했습니다.

어린 시절 아들러는 아버지와의 관계는 괜찮았지만 어머

니 파울리네와는 사이가 그리 좋지 못했던 것으로 보입니다. 두 살 위인 형 지그문트를 편애하던 어머니가 남동생이 태어나자 이번에는 남동생에게 애정을 쏟은 것이 계기가 되었다고 어느 전기에 씌어 있습니다. 위아래로 형제가 있어 가운데 낀 아이의 경우, 태어나서 얼마 동안은 부모의 눈길을 끌며 자랍니다. 하지만 첫째와 달리 부모의 관심이나 애정을 독점하는 것이 아니어서 남동생과 여동생이 태어나면 바로 부모의 시선은 동생들에게로 옮겨가버립니다. 이러한 경험이 깔려 있어서인지 아들러의 마음은 자연스레 어머니에게서 아버지에게로 향했습니다. 훗날 이 경험이 아들러가 프로이트의 '오이디푸스콤플렉스'를 부정하는 근거 중 하나가 됩니다. 자신이 겪은 바에 비추어 볼 때, 남자아이가 아버지를 증오하고 어머니에게 끌리는 것은 결코 보편적인 사실이 아니라고 생각했던 것입니다.

아들러는 활달한 성격이어서 형제간에 우애가 좋았는데, 유일하게 형 지그문트와는 사이가 좋지 않았다고 전합니다. 지그문트는 맏이인데다 총명하고 건강하여 유대 전통을 중시하는 아들러 가에서는 우월한 위상을 차지하고 있었습니다. 반대로 아들러는 구루병*을 앓아 몸을 자유롭게 움직이지 못했습니다. 머리가 우수하고 건강해서 마음껏 활동할 수 있는 형에게 강한 라이벌 의식을 느낀 아들러는 자신이 형의 그늘과 같은 존재라고 생각했습니다.

둘째 아이는 다른 아이들과 비교 불가능한 상황, 전혀 다른 위치에 놓여 있다. 둘째는 태어나면서부터 다른 아이와 부모의 관심을 공유한다. 따라서 첫째보다 협력에 더 익숙하다. 둘째는 더 큰 인간 무리에 둘러싸인다. 만일 첫째가 자신과 싸우려 들거나 자신을 밀어내려 들지 않는다면, 둘째로서는 아주 좋은 상황이다. 그러나 둘째 아이의 위치에서 가장 중요한 사실은 어린 시절 내내 비교 대상이 되는 조정자가 있다는 점이다. 둘째는 언제나 자기보다 나이와 발달에서 앞선 아이가 있어서, 따라잡기 위해 있는 힘을 다하도록 자극받는다. 전형적인 둘째는 자신이 경주를 벌이듯이 처신해야 한다는 사실을 아주 쉽게 알아차린다. 자신의 한두 발짝 앞에 있는 누군가를 기를 쓰고 앞질러야 한다고 말이다. 둘째는 전력을 다해 앞으로 달려 나간다. 첫째를 능가

◆ 골격 이상(뼈의 변형 등)과 근긴장 저하(근육이 이완되어 손발이 흔들흔들 움직이는 증상)를 일으키는 영유아 질환. 주로 비타민D, 칼슘, 인 등의 부족에서 기인한다. 영양 상태가 좋지 않았던 19세기에 흔히 볼 수 있는 질병이었다.

하고 물리치기 위해 끊임없이 갈고닦는다. (…)

둘째는 자신이 뒤처져 있으며 다른 사람을 앞지르기 위해 고군분투해야 한다는 사실에 속으로 분노한다. 둘째는 곧잘 성공을 거둔다. 둘째는 흔히 첫째보다 더 재능 있고 더 잘해낸다. 여기서 우리는 이러한 발달 과정에 유전이 관여한다고 이야기할 수는 없다. 둘째가 더 빨리 앞으로 나아간다면, 그것은 더 열심히 노력한 덕분이다. 심지어 둘째는 커서 가족의 울타리를 벗어났을 때도 흔히 조정자를 활용한다. 즉 자신이 그보다 더 유리한 위치에 서야겠다고 생각하고 그를 능가하고자 애쓰는 어떤 사람과 자기 자신을 항상 비교한다.

_ 「인생의 의미의 심리학」, 제6장 가족이 미치는 영향, '가족 서열'

아들러의 부모님은 아들러가 체력을 기를 수 있도록 밖에 나가 놀려는 그를 두 팔 걷어붙이고 도와주었습니다. 그 덕분인지 친구를 좋아한 아들러는 많은 아이와 어울려 놀았고 머지않아 구루병도 완치되었습니다. 어린 시절 어머니를 냉담한 사람이라 여겼던 아들러는 훗날 어머니가 자식 모두를 사랑했다는 사실을 알았다고 털어놓았습니다. 가족에 대해서도 당시를 회상하며 "가족 모두 나를 도와주려고 애썼다. 어머니와 아버지는 할 수 있는 것은 전부 해주었다"라고 말했습니다.

아들러는 어린 시절부터 의사가 되고 싶어 했습니다. 세 살 아래 동생 루돌프가 고작 한 살의 나이에 전염병에 걸려 세상을 떠났고 아들러 자신도 다섯 살 무렵 폐렴으로 죽을 뻔했던 일이 계기가 된 듯합니다.

그 후 아들러는 김나지움에 입학하지만 성적은 썩 좋은 편이 아니었습니다. 그러다 구두견습공으로 보내겠다는 아버지의 으름장에 정신을 차리고 열심히 공부를 시작해서 금세 성적이 올랐다고 합니다. 하지만 나중에 보듯이 강제 교육을 비판하는 아들러의 교육론에 비추어 보면 부모의 으름장에 겁이 나서 공부를 했다고는 볼 수 없습니다.

결국 아들러는 뜻한 대로 빈 대학 의학부에 입학합니다. 그렇지만 인류를 구하는 최선의 수단으로 의사가 되려 했던 아들러는 실험과 진단의 정확함만을 강조하고 환자에게는 관심을 쏟지 않는 대학 강의에 흥미를 느끼지 못했습니다. 그래서 의욕을 잃지 않기 위해 대학 근처 카페에서 친구와 담소를 나누며 시간을 보냈습니다. 참고로 당시 빈 대학에서는 정신과 과목이 필수가 아니어서 정신과 의사 훈련을 받을 수 없었습니다. 아들러가 재학 중일 때, 프로이트도 빈 대학에서 히스테리에 관한 강의를 했었는데 아들러는 이 강의를 듣지 않았습니다.

사람들은 온 감각을 통해 환경과 연결되고 그것으로부터 느낌을 받는다. 따라서 우리는 사람들이 자기 몸을 훈련하는 방법을 통해, 그들이 환경으로부터 어떤 느낌을 받아들이려하는지, 자신의 경험을 어떤 식으로 사용하려 드는지를 알수 있다. 만약 그들이 보고 듣는 방식을, 그들의 관심을 끄는 것이 무엇인지를 알아낼 수 있다면, 우리는 그들에 관해대단히 많은 것을 배울 수 있다. 이것이 태도가 그토록 중요한 이유다. 태도는 개인이 자신의 감각들을 어떻게 훈련하는지, 느낌을 선택할 때 그것들을 어떻게 사용하는지를 보여준다. 모든 태도에는 의미가 담겨 있다.

이제 우리는 심리학의 정의를 더 추가할 수 있다. 심리학이란 몸으로 받아들이는 감각적 인상에 대해 취하는 개인들의태도를 해석하는 것이다. 또한 우리는 인간의 마음들 사이에 얼마나 엄청난 차이가 빚어지는지를 이해할 수 있다. 환경에 잘못 적응하여 환경의 요구를 충족시키는 데 어려움을겪는 몸은, 대개 마음에 부담으로 다가올 것이다. 이 때문에신체 결함을 갖고 태어난 아이들은 정신 발달 또한 더 느릴수 있다. 이런 아이들의 마음은 자신들의 몸을 우월한 쪽으로 이끌고 움직이고 조종해내기가 더 어렵다. 이럴 경우 마음은 더 많은 애를 써야 하고, 똑같은 목표를 달성하기 위해 다른 어느 누구보다 더 강하게 정신 집중을 해야만 한다. 그리하여 마음에 너무 지나친 부담을 떠안게 된 이 아이들은 자기중심적이고 이기적인 사람이 된다. 자신의 신체적인 불완전함과 활동의 어려움에 늘 신경이 곤두서 있는 아이들은 자기 외의 것들에 주의를 기울일 여유가 없다. 다른 이들에게 관심을 쏟을 시간도 자유도 없는 것이다. 결국 이 아이들은 공동체 감각이 떨어지는 사람, 협동력이 부족한 사람으로 자라게 된다.

이처럼 신체 결함이 많은 핸디캡을 가져다주지만 그렇다고 이 핸디캡이 피할 수 없는 운명을 나타내는 것은 결코 아니다. 만약 마음이 본래 활달하고 열심히 장애를 극복하고자 한다면 핸디캡 없이 태어난 사람만큼이나 훌륭히 성공할 수 있다. 실제로 신체 결함을 가진 아이들이 핸디캡에도 불구하고 모든 것을 갖춘 채 출발한 아이들보다 더 뛰어난 성취를 거두는 경우를 우리는 흔히 접한다.

_『인생의 의미의 심리학』, 제2장 마음과 몸, '마음과 몸의 상호작용'

아이는 상대성이란 틀에 끼워 맞춰진다.
이 점에서 아이는 어른과 다르지 않다.
누구나 절대적인 진리를 모른 채
태어났기 때문이다.
우리는 모두가 잘못을 저지른다.
하지만 중요한 것은
잘못을 수정할 수 있다는 것이다.

_『삶의 과학』

리비도가 아니라
열등감이다

프로이트는 '리비도'가 인간 성격 특성의 기초라고 생각했습니다. 반면에 아들러는 열등감이야말로 리비도를 대체하는 성격 특성의 기초라 여겼습니다.

· · ·

　1895년에 대학을 졸업한 아들러는 처음에는 안과 의사로 일했습니다. 하지만 나중에 빈 시내에서 가난한 사람들이 많이 사는 레오폴트슈타트 구역에 진료소를 열고 내과 의사로서 환자를 돌봤습니다. 진료소 근처에는 프라터 유원지가 있어 환자 중에는 유원지에서 일하는 곡예사와 거리 연예인이 많았습니다. 아들러는 범상치 않은 체력과 기술로 생계를 꾸

아무것도 하지 않으면
아무 일도 일어나지 않는다

리는 그들 대부분이 태어날 때는 몸이 약했으나 훗날 노력하여 그 약점을 극복했음을 알았습니다. 아들러는 병약함을 극복했던 자신의 과거를 떠올리며 '기관열등성'에 관심을 갖게 되었습니다.

기관열등성이란 생활에 곤란을 가져오는 신체적 핸디캡을 가리킵니다. 핸디캡이 있는 사람은 그로 인해 결여된 부분을 다른 뭔가로 보상하려 합니다. 그것이 성격 형성이나 행동에 어떤 형태로든 영향을 미친다고 아들러는 생각했습니다. 훗날 아들러의 관심은 객관적 열등성에서 주관적 열등성으로 옮겨갑니다. 기관열등성이 반드시 열등감을 일으키지 않는다는 사실을 경험을 통해 깨달았기 때문입니다.

열등기관이 있다거나 샘분비 이상이 있는 아이가 직면하는 어려움을 서술한 것은 내가 최초가 아닌가 한다. (…) 처음부터 나는, 이러한 결함을 유전적·신체적 조건 탓으로 돌릴 근거를 찾은 것이 아니라, 그 어려움을 극복해내는 방법을 찾고자 했다. 어떤 신체 결함도 그릇된 생활양식을 발달시키라고 인간에게 강요하지 않는다. (…) 실제로 그런 어려움을 극복한 아이들이 범상치 않은 유용한 능력을 발달시키는 사례를 우리는 흔히 발견한다.

이 때문에 개인심리학은 좋은 자손을 퍼뜨리기 위해 우생학적 선택 전략을 구사한다는 주장을 널리 퍼지게 하는 데는 별로 좋은 선전 수단이 못 된다. 가장 걸출한 인물들, 우리 문화에 위대한 공헌을 한 인물들 중 많은 이가 불완전한 신체를 가지고 태어났다. 그중 많은 인물이 병마에 시달렸고 일부는 젊은 나이에 세상을 떴다. 신체적·물질적 어려움에 맞서 악전고투한 바로 그런 사람들이 발명과 진보를 이루어냈다. 고군분투는 그들을 더욱 강하게 만들었고, 그들은 자신들이 온전한 상태에서 가 닿았을 지점보다 훨씬 더 멀리까지 나아갔다. 우리는 몸에 나타나는 표시만으로 마음이 좋은 쪽으로 발달할지 나쁜 쪽으로 발달할지 판정할 수 없다. 그러나 지금까지 신체와 내분비 계통에 결함을 지닌 채 태어난 아이들 대다수는 올바른 방향으로 훈련받지 못했다. 이 아이들은 자신의 어려움을 전혀 이해받지 못했으며, 그리하여 대부분 지극히 자기중심적인 사람이 되었다. 바로 이것이 신체장애라는 멍에를 걸머진 채 어린 시절을 보내야만 하는 아이들이 그토록 많이 실패하는 이유다.

_ 『인생의 의미의 심리학』, 제1장 인생의 의미, '어린 시절의 경험'

당시 아들러는 건강과 질병, 그리고 사회적 요인 간의 관

아무것도 하지 않으면
아무 일도 일어나지 않는다

계에 대해 흥미를 갖고 『수련 기술자를 위한 건강수첩Health Book for the Tailoring Trade』이라는 공중위생에 관한 소책자를 출간했습니다. 사회주의에도 경도되었습니다. 대학을 졸업하고 2년 후에 라이사 엡스타인Raissa Epstein이라는 러시아 여성과 결혼했는데 두 사람은 빈에서 열린 사회주의 공부 모임에서 만났습니다.

그 후 아들러는 1900년에 출판된 프로이트의 저서 『꿈의 해석』을 읽은 것을 계기로 정신의학에 관심을 갖게 되었습니다. 아들러는 당시 비판적인 의견이 많았던 『꿈의 해석』을 옹호하는 투서를 신문사에 보냈고 그 사실을 안 프로이트가 자신이 운영하는 세미나에 초대하면서 두 사람 간에 교류가 시작되었다고 전합니다.

프로이트의 세미나는 훗날 '빈정신분석협회'로 발전했습니다. 중추 멤버였던 아들러는 회장까지 역임했습니다. 하지만 조직이 커짐에 따라 모임 분위기가 달라졌습니다. 당초에는 서로를 인정하고 협력하면서 연구를 하던 회원들이 차츰 경쟁이 치열해지면서 대립하는 일이 늘었기 때문입니다.

아들러는 그러한 움직임에 동조하지 않고 다툼의 중재역으로 나섰지만 1911년 결국 모임을 나오게 됩니다. 모임을 나오기로 결심한 가장 큰 이유는 프로이트와 학설에서 차이가 생겼기 때문입니다. 프로이트는 '리비도libido(성적 욕구)'가 인간 성격 특성의 기초라고 생각했습니다. 반면에 아들러는 열등감이야말로 리비도를 대체하는 성격 특성의 기초라 여겼습니다. 이는 프로이트 이론과 양립할 수 없는 것으로 프로이트에게는 위협 그 이상도 이하도 아니었습니다. 뒤에 살펴볼 아들러의 '목적론' 역시 심적 고통의 원인을 과거와 객관적 사실로 보는 프로이트 이론과는 완전히 상반된 견해였습니다.

프로이트는 꿈을 과학적으로 이해 가능한 의미를 가진 것으로 다루고자 했다. 그러나 여러 측면에서 프로이트의 해석은 꿈을 과학 영역 밖으로 데려가버린다. 예를 들어 프로이트는 낮 동안 마음의 활동과 밤 동안 마음의 활동 사이에 차이가 있다고 상정한다. '의식'과 '무의식'을 반대되는 것으로 놓으며, 일상적인 사고 법칙과 상반되는 꿈만의 특수한 법칙이 있다고 주장한다. 이처럼 상반성을 상정하는 모든 경우에서 우리는 비과학적인 태도를 발견한다. 원시 인류와 고대 철학자의 사고에서 강력한 안티테제들, 서로 반대되는 것들을 설정해 개념을 다루려는 욕망과 늘 마주친다.

이런 안티테제적·이원론적 사고는 신경증 환자에게서 아주 뚜렷이 나타난다. 사람들은 흔히 왼쪽과 오른쪽, 남자와 여자, 뜨거움과 차가움, 가벼움과 무거움, 강함과 약함을 상반되는 것이라고 믿는다. 과학적인 견해로 볼 때, 이것은 상반성이 아니라 다양성이다. 이것은 어떤 척도의 눈금들, 허구적 이상에다 어림짐작으로 지정해놓은 지점들이다. 신과 악, 정상과 비정상은 사실 전혀 상반되는 것이 아니다. 잠과 깸, 꿈속 사고와 현실 속 사고를 상반되는 것으로 취급하려는 모든 이론은 본질상 비과학적이다.

_ 「인생의 의미의 심리학」, 제5장 꿈, '프로이트의 견해'

이후 뜻이 맞는 아홉 명의 벗들과 함께 협회를 탈퇴한 아들러는 새로이 '자유정신분석협회'(이듬해 '개인심리학회'로 개칭)를 설립했습니다. 아들러는 자신이 '프로이트의 제자'라 불리는 것을 몹시 싫어했습니다. 자신이 대등한 연구자로서 프로이트의 연구회에 초빙되었다는 사실을 알리기 위해 아들러는 평생 프로이트에게 받은 초대장을 지니고 다녔습니다.

'공동체 감각'의
발견

전쟁을 겪으면서 프로이트가 '인간에게는 공격 욕구가 있다'고 결론지었다면
이에 반해 아들러는 '인간은 친구다'라는 프로이트와 전혀 다른 사상에 도달
한 것입니다.

·
·
·

이윽고 제1차 세계대전이 발발했습니다. 당시 마흔네 살
이었던 아들러는 징병은 피했지만 군의관으로 참전하여 육군
병원의 신경정신과에 소속되었습니다. 아들러는 전쟁신경증
으로 입원했던 병사가 퇴원 후 다시 병역 의무를 맡아도 되는
지 안 되는지를 판단해야 했습니다. 전선에 돌아간 병사를 죽
일 수도 있는 이 임무는, 전쟁을 조직적인 살인이라고 생각했

아무것도 하지 않으면
아무 일도 일어나지 않는다

던 아들러에게 상당한 정신적 고통을 안겨주었습니다. 이후로 그는 밤마다 잠을 이루지 못하는 나날을 보내야 했습니다.

이러한 전쟁 경험은 아들러의 사상에 큰 전기를 마련해주었습니다. 나중에 자세히 설명하겠지만 그는 전쟁을 계기로 '공동체 감각'이라는 이론을 생각해냈습니다. 공동체 감각이란 타인을 '친구'로 보는 의식입니다. 전쟁을 겪으면서 프로이트가 '인간에게는 공격 욕구가 있다'고 결론지었다면 아들러는 '인간은 친구다'라는 프로이트와 전혀 다른 사상에 도달한 것입니다.

나는 그 병사를 사무실에서 일하도록 집으로 돌려보내고 싶었다. 하지만 내가 그렇게 추천하면 내 상관이 화가 나 그 병사를 전선으로 보내버릴까 봐 겁이 났다. 결국 정직하게 할 수 있는 최선의 방도를 찾기로 결심했다. 그 병사가 보초 임무에만 적합하다는 증명서를 교부하기로. 그날 밤 숙소로 돌아온 나는 끔찍한 꿈을 꾸었다. 꿈속에서 나는 살인자가 되어, 내가 누구를 죽였는지 생각해내려 애쓰며 좁고 캄캄한 골목길을 정신없이 내달리고 있었다. (…)

꿈에서 깨었을 때 제일 먼저 든 생각은 '내가 누굴 죽인 거지?'였다. 그러다 퍼뜩 생각이 떠올랐다. '내가 그 병사에게 사무직을 보장해주지 못하면, 아마 그는 전장으로 보내져 죽고 말 거야. 그럼 난 살인자가 되는 거야.' 여기서 여러분은 내가 스스로를 속이기 위해 내 감정을 얼마나 자극했는지 볼 수 있다. 나는 누구도 죽여본 적이 없다. 그리고 설사 내가 예상한 일이 실제로 벌어진다 하더라도 내 죄는 아닐 터였다. 하지만 내 생활양식은 그런 위험을 모른 체하도록 내버려 두지 않았다. 나는 의사였다. 생명을 구하는 것이, 생명을 위험에 빠뜨리지 않는 것이 내 임무였다. 그렇지만 만일 그 병사에게 더 손쉬운 일을 맡기면 상관이 그를 전선으로 보내버릴 테고 그러면 상황이 더 안 좋아질 거라는 사실을 상기했다. 내가 그를 도울 수 있는 유일한 길은 내 생활양식에 구애받지 말고 상식을 따르는 거라는 생각이 들었다. 그래서 나는 그에게 보초 임무에 적합하다는 증명서를 발급해주었다.

_ 『인생의 의미의 심리학』, 제5장 꿈, '개인심리학의 접근법'

종전 후 러시아혁명의 현실을 알고 마르크스주의에 실망한 아들러는 정치로는 사회를 바꿀 수 없음을 깨닫고 육아와 교육을 통해 사회 구성원 자체를 바꾸는 일에 관심을 갖습니다. 제1차 세계대전 후 극도로 곤궁했던 오스트리아에서 빈

시내의 한 구역에 노동자위원으로 취임한 아들러는 교육개혁의 일환으로 많은 아동상담소를 설립했습니다. 그가 세운 아동상담소는 고민이 있는 아이와 부모가 치료받는 곳만이 아니라 교사, 카운슬러, 의사 등이 훈련받는 장소로도 활용되었습니다. 아들러 자신도 공개 상담을 할 장소를 세우고 자신의 치료법을 적극 알렸습니다.

이러한 활동을 계속하는 동안에 아들러의 심리학은 오스트리아를 넘어 국제적으로 인정받기에 이르렀습니다. 유럽의 여러 나라, 그리고 머지않아 미국에서도 강연과 강의를 하면서 보내는 날이 늘었습니다. 1932년에는 롱아일랜드 의과대학 교수로 취임했는데, 이해에 미국에서 출판된 책이 『인생의 의미의 심리학』입니다. 처음에는 한 해에 두 달만 빈에서 머물고 나머지 기간은 미국에서 활동했으나 히틀러의 나치당이 정권을 쥐자 빈에 머물기를 단념하고 미국에 영주하기로 결심합니다. 1934년의 일이었습니다.

1935년 아들러는 가족과 함께 미국에서 살기 시작했지만 행복은 오래가지 않았습니다. 헝가리 저널리스트와 결혼한 장녀 밸런타인Valentine Adler이 1937년 행방불명되었기 때문입니다. 빡빡한 강연 일정에 더하여 밸런타인의 실종 때문에 마음

아파하고 걱정하느라 잠을 이루지 못하는 나날이 계속되었습니다. 실의에 빠진 가운데 유럽으로 강연 여행에 나선 아들러는 강연 장소였던 스코틀랜드 애버딘에 머물던 중 심근경색으로 쓰러져 예순일곱 살의 나이로 세상을 떠납니다. 1937년 5월 28일의 일이었습니다.

밸런타인 실종 사건은 아들러가 눈을 감은 후에야 그 진상이 밝혀졌습니다. 밸런타인은 스탈린의 비밀경찰에 체포되어 1942년경 시베리아 수용소에서 숨을 거뒀다고 합니다. 딸의 실종이 아들러의 죽음을 앞당겼음에는 의심할 여지가 없습니다.

우리는 지구라는 작은 행성 위에서 살아가고 있다. 우리는 이 지구가 가진 자원과 한계 속에서 최선을 다해 살아야만 한다. 몸과 마음을 두루 발전시켜 자신과 인류의 생존이 보장되도록 공헌해야 한다. 이것은 우리 모두에게 주어진 피할 수 없는 과제다. 우리가 무엇을 하든 그 행위는 인간 삶의 조건에 대한 우리의 답이다. 거기에는 우리가 필요하고, 적합하고, 가능하고, 바람직하다고 생각하는 것이 고스란히 담겨 있다. 그리고 이 답에는 반드시 고려되어야 할 사항이 있다. 그것은 우리 각자가 지구에 거주하는 인간 무리, 인류의 한 구성원이라는 사실이다. (…)

개인의 행복과 인류의 행복에 가장 큰 공헌을 하는 것은 공동체 감각이다. 따라서 인생 문제에 대한 모든 답은 이 조건을 고려하지 않으면 안 된다. 즉 그 답은 우리가 다른 사람들과 관계를 맺고 산다는 것, 만약 혼자라면 멸종할 것이라는 사실에 비추어 마련되어야 한다.

_ 『인생의 의미의 심리학』, 제1장 인생의 의미, '인생의 세 가지 과제'

인간의 불안은 개인이 모여 공동체로서
연대했을 때만이 사라질 수 있다.
자신이 타자에게 소속되어 있음을
의식하는 사람만이
불안 없는 인생을 살 것이다.

_『성격심리학』

의미부여를 달리하면
미래도 달라진다

아들러 심리학의 특징으로는 먼저, 인간은 누구나 같은 세계에 사는 것이 아니라 자신이 '의미부여'한 세계에 살고 있다는 관점을 꼽을 수 있습니다. 같은 경험을 해도 어떻게 의미부여를 하느냐에 따라서 세계는 전혀 다르게 보이고 행동도 달라집니다.

．
．
．

아들러의 생애를 간단히 살펴보았습니다. 이제부터는 아들러 심리학이란 대체 어떤 것인지 알아보도록 하겠습니다.

아들러 심리학의 특징으로는 먼저, 인간은 누구나 같은 세계에 사는 것이 아니라 자신이 '의미부여'한 세계에 살고 있다는 관점을 꼽을 수 있습니다. 같은 경험을 해도 어떻게 의미부여를 하느냐에 따라서 세계는 전혀 다르게 보이고 행동도 달라집니다. 아들러는 이것을 설명하기 위해 어린 시절 불행한 경험을 했던 사람을 예로 들었습니다.

어린 시절에 똑같이 불행을 경험한 사람이 있다고 합시다. 어떤 사람은 "나는 불행한 경험을 통해 그것을 피하는 방법을 배웠으니 내 아이는 같은 경험을 하지 않도록 할 거야"라고 생각합니다. 한편 "나는 어린 시절에 고통받았고 그것을 극복했으니 내 아이도 극복해야 해"라고 생각하는 사람도 있습니다. 또 "난 불행한 어린 시절을 보냈으므로 무슨 짓을 해도 용서받아야 해"라는 생각을 하는 사람도 있습니다.

이렇게 불행한 경험에 어떤 의미를 부여하느냐에 따라 그 후 삶과 행동이 크게 달라집니다.

인간은 누구도 의미에서 벗어날 수 없다. 우리는 자신이 거기에 부여한 의미를 통해서만 현실을 경험한다. 즉 사물을 그 자체로서가 아니라 우리가 해석한 어떤 것으로서만 경험한다. 따라서 의미란 언제나 대개 미완성이고 불완전하며, 결코 완전히 옳을 수 없다고 결론 내리는 것이 당연하다. 이렇듯 의미의 왕국은 오류의 왕국이다.

사람들에게 "인생의 의미가 무엇일까요?"라고 묻는다면 아마 대답하지 못할 것이다. 대부분은 이 질문을 두고 골머리를 썩이거나 답해보려고 애쓰거나 하지 않는다. 사실 이것은 인류 자체만큼이나 오래된 질문으로, 오늘날 젊은이들도 (더 나이 든 사람들도) 가끔은 "근데 무엇 때문에 사는 걸까? 인생이란 무슨 의미가 있을까?" 하고 묻는다. 그런데 솔직히 말하자면 사람들은 오직 좌절을 겪을 때만 이 질문을 꺼낸다. 삶이 순탄한 한, 어려운 시험이 닥치지 않는 한, 절대 이 말을 입 밖에 내지 않는다. 대신에 사람들은 불가피하게 행동으로 이 질문을 표현하고 답한다. 사람들이 하는 말을 귀기울여 듣고 행동을 잘 관찰해보면 다들 자기 나름의 '인생의 의미'를 규정하고 있다는 것을 알 수 있다. 그들의 의견, 태도, 움직임, 표현, 버릇, 포부, 습관, 성격이 이 의미와 일치한다. 다들 자신이 특정한 인생의 해석을 신뢰하고 의지할 수 있다는 듯이 행동한다. 그들의 모든 행동에는 세계와 자기 자신을 압축해 보여주는 어떤 암시가 깃들어 있다. "난 이렇고 세상은 저런 것 같아"라는 판결이, 자기 자신과 인생에 부여한 의미가 거기 담겨 있다.

인생에 부여하는 의미는 사람 수만큼 많다. 그리고 앞에서 말했듯이 아마 각각의 의미는 어느 정도 잘못된 판단일 것이다. 완벽한 인생의 의미는 그 누구도 모른다. 그렇기에 한편으로 아주 쓸 만한 해석이라면 완전히 틀렸다고도 말할 수 없다. 모든 의미는 이러한 두 한계 사이에 놓인 변형들이다. 그런데 우리는 이 변형들 가운데서 유효한 것과 덜 유효한 것을 구분할 수 있다. 즉 어떤 것은 오류가 적고 어떤 것은 오류가 많다. 더 나은 해석은 공통성이 있고 덜 만족스러운 해석은 공통성이 부족함을 발견할 수 있다. 우리는 이러한 진리의 공약수로부터 공통된 의미를 얻어낼 수 있고, 그것이 인류에 영향을 미치는 한 우리는 현실에 그 공통된 의미를 부여할 수 있다. 인류에게 참된 것, 인간의 목적과 목표에 참된 것만이 '참되다'는 사실을 다시 한 번 명심해야만 한다. 이것 외에 다른 진리는 없다. 설령 다른 진리가 존재한다 하더라도 그것은 우리에게 아무런 영향을 미치지 않을 것이다. 우리로서는 그것이 무엇인지 알 도리가 없다. 왜냐하면 그것은 우리에게 아무 의미도 없으니까.

_ 『인생의 의미의 심리학』, 제1장 인생의 의미

아들러는 의미부여의 중요성을 다음과 같이 밝혔습니다.

어떤 경험이든 그 자체로는 성공이나 실패의 요인이 아니다. 우리는 과거 경험에서 받은 충격(이른바 트라우마) 때문에 괴로워하는 것이 아니다. 그렇다기보다는 오히려 과거 경험을 가지고 우리 목적에 들어맞는 온갖 것들을 만들어낸다. 우리는 과거에 경험한 사건에 따라 결정되는 것이 아니라, 자신이 경험에 부여하는 의미에 따라 스스로 결정을 내린다. 그래서 특정 경험을 앞으로의 인생을 좌우할 근거라고 간주할 경우, 필시 잘못된 판단이 되고 만다. 의미는 상황에 의해 결정되지 않는다. 우리는 자신이 상황에 부여하는 의미에 따라 스스로 결정한다.(『인생의 의미의 심리학』, 제1장 인생의 의미, '어린 시절의 경험')

현재 자신이 살기 힘든 건 '어린 시절 부모님에게 충분히 사랑받지 못했기 때문이다'라든가 '부모님에게 학대받았기 때문이다'라고, 과거 부모가 자신에게 했던 훈육을 탓하는 사람이 적지 않습니다. 하지만 과거 경험이 우리의 뭔가를 결정하지 않습니다. 그게 아니라 우리가 과거 경험에 '어떤 의미를 부여하는가'에 따라 결정된다고 아들러는 말합니다.

방금 인용한 글에서 '결정'이라는 말에 주목해봅시다. 어떤 사건이 원인이 되어 반드시 어떤 결과에 이른다고 생각하는 것이 '원인론'입니다. 원인론은 으레 '결정론'이 됩니다. 이 논리에 따르면, 모든 것은 과거의 사건과 환경에 의해 결정되므로 현재 상황을 바꾸는 것은 불가능합니다. 과거 사건이 현재 살기 힘든 원인이라고 한다면, 예컨대 타임머신을 타고 시간을 거슬러 올라가 과거를 바꿔야 지금의 문제를 해결할 수 있습니다.

하지만 아들러의 '목적론'에서는 세워야 할 목적과 목표가 미래에 있습니다. 과거는 바꾸지 못해도 미래는 바꿀 수 있습니다. 물론 그렇다고 인생이 우리 뜻대로 다 된다는 뜻은 아닙니다. 오히려 뜻대로 되지 않는 일이 더 많을 겁니다. 그래도 인생을 어떻게 살아갈 것인지 태도는 결정할 수 있지 않겠습니까?

과거 경험은
'결정 요인'이 아니다

싫어졌다고 생각하자마자 그때까지는 상대방의 장점이라고 느꼈던 것이 단점으로 느껴집니다. 결국 좋아했던 요인은 나중에 지어낸 것에 불과했던 것입니다.

⋮

예를 들어 여러분이 누군가를 사랑한다고 해봅시다. '이 사람을 좋아해'라고 생각하면 '왜 난 이 사람이 좋은 걸까?'라며 좋아하는 이유(요인)를 찾으려고 합니다.

그런데 어느 날 문득 사랑하는 마음이 식어버렸습니다. 그러면 그때까지 좋아했던 사람이 갑자기 시시하게 여겨집니다. 착하다고 생각했던 사람이 우유부단한 사람으로 보이거

아무것도 하지 않으면
아무 일도 일어나지 않는다

나, 듬직하다고 생각했던 사람이 권위주의적인 사람으로 보입니다. 꼼꼼하고 착실하다고 생각했던 사람이 사소한 일에 연연하는 좀생이처럼 보입니다. 싫어졌다고 생각하자마자 그때까지는 상대방의 장점이라고 느꼈던 것이 단점으로 느껴집니다. 결국 좋아했던 요인은 나중에 지어낸 것에 불과했던 것입니다.

아들러가 말하는 '목적론'의 관점에서 보자면 이 경우는 그 사람과 관계를 지속하고 싶지 않다는 목적을 이루기 위해 결점을 찾은 것입니다. 장점을 발견하고 좋아하는 이유는 그 사람과 관계를 시작하고 싶다는 목적이 있었기 때문입니다. '왜 좋을까?' '왜 싫을까?' 하고 상대방에게서 요인(이유)을 찾는 것은 앞서 아들러가 한 말에서 보았다시피 "과거 경험을 가지고 우리 목적에 들어맞는 온갖 것들을 만들어내기" 위해서입니다. 자신의 결심을 뒷받침하거나 정당화하기 위해 관계를 시작하거나 끝내는 이유를 찾아야만 했던 것입니다.

어느 살인자에게 "왜 사람을 죽였습니까?"라고 묻자 "가난했기 때문에"라고 대답했다 합니다. 하지만 가난한 가정에서 자란 사람이라고 다 살인 같은 범죄를 저지르지는 않습니다. 살인까지는 아니지만 무심코 울컥해서 아이에게 소리를 지르고 심지어 손찌검까지 하는 사람이 있습니다. 하지만 똑같은 아이의 행동을 보고도 누구나 화를 내고 호통을 치지는 않습니다.

인간의 행위는 원인에 의해 다 설명되지 않으며, 자유의지는 으레 원인에서 벗어나기 일쑤입니다. 만사가 어김없이 원인과 결과에 따라 해명된다고 보기에는 자유의지가 너무 뚜렷하고 생생하게 작동합니다. 그럼에도 뭔가에 의해 자신의 현재 삶이나 행동이 결정된다고 보려는 사람은, 그렇게 함으로써 자신이 져야 할 책임의 소재를 모호하게 만들고 싶은 것뿐입니다.

어린 시절의 불행한 경험은 상당히 상반된 의미를 부여할 수도 있다. 그 결과 사람마다 인생의 의미에 대해 상반된 해석을 내리게 된다. 예를 들어 불행한 일을 당한 적이 있는 어떤 사람은 미래를 위한 개선 방안과 관련지어서만 그 경험을 골똘히 숙고할 수 있다. 그 사람은 이렇게 생각할 것이다. '우린 그런 불행한 일이 다시는 일어나지 않도록 노력해야 해. 우리 아이들이 더 좋은 환경에서 자랄 수 있도록 만들어야 해.' 반면에 비슷한 경험을 가진 다른 사람은 이렇게 생각할 수도 있다. '인생은 불공평해. 제일 좋은 건 늘 다른 사람들이 다 차지해. 세상이 날 이런 식으로 취급하는데 내가 뭐하러 세상에 도움이 되어야 해?' 또 다른 사람은 이렇게 느낄지 모른다. '난 불행한 어린 시절을 보냈기 때문에 무슨 짓을 하든 전부 용서받아야 해.' 각각의 경우 인생의 의미에 대한 해석이 각자의 행동에 뚜렷이 드러날 것이다. 그리고 그들이 인생의 의미에 대한 해석을 바꾸지 않는 한 행동 또한 절대 바뀌지 않을 것이다.

개인심리학이 결정론과 결별하는 것은 바로 이 지점이다. 어떤 경험이든 그 자체로는 성공이나 실패의 요인이 아니다.

_ '인생의 의미의 심리학』, 제1장 인생의 의미, '어린 시절의 경험'

곤경을 극복할 때까지 조바심을 내는 사람이 있다.
자신의 곤경을 극복할 수 있다고 믿는 사람은
조바심을 내지 않는다.
곤경은 극복할 수 없는 장애가 아니라
거기에 맞서 정복해야 할 과제다.

_『삶의 과학』

원인론과
목적론의 차이

'불안해서 바깥에 나갈 수 없는' 것이 아니라 '바깥에 나가지 않으려는' 목적
을 이루기 위해 불안이라는 감정을 지어낸 것입니다.

⋮

원인론과 목적론의 차이를 이해하기 위해 다음과 같은 사
례를 생각해봅시다. 레스토랑에서 웨이터가 남자 손님 옷에
커피를 엎질렀습니다. 이 손님은 반사적으로 큰소리를 치며
고래고래 고함을 질렀습니다. 이 경우는 옷에 커피가 쏟아져
서 화가 나 큰소리를 쳤다고, 다시 말해 커피가 쏟아져 화가
치민 것이 큰소리를 친 원인이라고 생각할 수 있습니다. 하지

아무것도 하지 않으면
아무 일도 일어나지 않는다

만 아들러 심리학에서는 그렇게 보지 않습니다. 분노라는 감정이 원인이 되어 큰소리를 친 것이 아니라 '큰소리를 치기 위해 화를 냈다'고 생각합니다. 나아가 이때 큰소리를 친 것도 '웨이터에게 사과를 받고 싶다' 또는 '세탁비를 받고 싶다'는 목적이 있기 때문이라고 봅니다.

이 사례에서는 커피가 쏟아진 것과 큰소리를 친 것 사이에 시간 차가 거의 나지 않습니다. 그래서 얼핏 보기에는 커피를 쏟은 것이 큰소리친 원인처럼 보이지만 만약 아름다운 여성이 커피를 쏟았다면 어땠을까요? 순식간에 취해야 할 행동을 판단하고 큰소리치는 대신에 "괜찮습니다"라고 웃으며 대답했을지도 모릅니다.

슬픔이라는 감정도 '상대방의 동정을 이끌어낸다'는 목적을 이루기 위한 수단이 될 때가 있습니다. 불안이란 감정 또한 마찬가지입니다. '불안해서 바깥에 나갈 수 없는' 것이 아니라 '바깥에 나가지 않으려는' 목적을 이루기 위해 불안이라는 감정을 지어낸 것입니다.

선택의 모든 책임은
자신에게 있다

여기에서 말하는 '악'과 그 반대말인 '선'은 각각 '도덕적 기준에 어긋나 나쁜 것' '도덕적 기준에 맞아 옳은 것'이라는 의미가 아니라 '이익이 되지 않다' '이익이 되다'라는 의미입니다.

．．
．．
．

　플라톤의 대화편을 보면 소크라테스는 "악을 원하는 사람은 아무도 없다"라고 말합니다. 이 말은 '악을 원하는 사람도 있다'는 통념과 대조되어서 특별히 '소크라테스의 역설'로 알려져 있습니다. 하지만 여기에서 말하는 '악'과 그 반대말인 '선'은 각각 '도덕적 기준에 어긋나 나쁜 것' '도덕적 기준에 맞아 옳은 것'이라는 의미가 아니라 '이익이 되지 않다'

'이익이 되다'라는 의미입니다. 따라서 이 말은 '누구나 자신에게 이익이 되지 않는 일은 하지 않는다'는 뜻이 되므로 어떻게 보면 당연한 말이라고 볼 수 있습니다.

문제는 자신이 '선'이라고 생각하는 것이 실제로 자신에게 이익이 된다고 할 수 없다는 점입니다. 예컨대 아들러 심리학에서는 '맛있어 보여서 먹고 싶다'는 생각과 '살찌니까 먹으면 안 돼'라는 생각이 마음속에서 갈등을 일으킨다고 보지 않습니다. 그 대신 의식과 무의식이라는 식으로 분할할 수 없는 전체로서의 내가 눈앞에 있는 케이크를 먹을까, 먹지 말까 판단을 내린다고 생각합니다.

그래서 케이크를 먹으려고 결심했다면 그 순간은 '먹는 것이 나에게 선(이익)이다'라고 판난한 것이 됩니다. 나중에 '먹지 말걸' 하고 그 판단을 후회할지도 모르지만 여하튼 먹겠다고 선택한 그 순간만큼은 그 사람에게 케이크를 먹는 것이 선이었습니다.

케이크가 맛있느냐 아니냐는 각자 취향에 달린 것이라서 사람에 따라 판단이 달라도 아무 문제가 없습니다. 하지만 몸에 이익이 되느냐 아니냐 하는 문제는 개인이 멋대로 판정할수가 없습니다. 행복도 마찬가지입니다. 다른 사람이 보기에

더할 나위 없이 행복해 보여도 실제로 행복하지 않으면 의미
가 없습니다.

어떻게 하는 것이 선인지, 즉 무엇이 나에게 이익인지 판
단할 수 있는 사람은 자신밖에 없습니다. 하지만 그 판단이
늘 옳을 리 없으니 판단을 하고 나면 그것이 옳은지 그른지
잘 따져볼 필요가 있습니다.

나아가 선을 실현하기 위한 더 효과적인 방법이 있으면
그것을 선택합니다. 분노에 사로잡혀 벌컥 화를 내던 사람도
자신의 분노가 무엇을 목적으로 하는지 곰곰이 생각해보고
그 목적을 달성하기 위해 더 효과적인 방법이 있다는 걸 알면
더는 화가 나지 않을 것입니다. 분노를 억누르기보다 분노의
목적과 분노를 대신할 방법을 알아내면 화를 낼 일이 없습
니다.

아무것도 하지 않으면
아무 일도 일어나지 않는다

현재가 달라지면
과거도 달라진다

과거도 바꿀 수 있습니다. 과거 또한 의미를 부여하는 것이어서, 과거의 일을
떠올리는 사람이 '지금'이 달라지면, 그에 따라 과거 역시 달라지기 때문입니다.

⋮

앞에서 미래를 바꿀 수 있다고 말했는데, 과거도 바꿀 수 있습니다. 과거 또한 의미를 부여하는 것이어서, 과거의 일을 떠올리는 사람의 '지금'이 달라지면 그에 따라 과거 역시 달라지기 때문입니다.

아들러 심리학에서는 상담을 할 때 '초기 기억'이라고 해서 어린 시절 기억을 캐묻습니다. 제 친구 중 한 명은 이런 장

면을 떠올렸습니다.

　세 친구와 함께 길을 가고 있는데 맞은편에서 개가 달려왔어. 어머니는 늘 "도망치려고 하면 개가 쫓아오니까 그냥 가만히 있어"라고 신신당부했지. 그래서 다른 친구들이 다 도망칠 때 나만 그자리에 그대로 있다가 그만 개한테 다리를 심하게 물리고 말았어.

　그리고 그의 기억은 끊어졌습니다. 만약 이것이 지금 일어난 일이라면 이야기는 거기에서 끝날 리 없습니다.

　"그 일이 있고 나서 이 세계는 위험한 곳이라고 생각하게 되었어." 개에게 물린 것이 세계가 위험한 곳이라고 생각하게 된 원인이라고 그는 말하고 싶었던 것으로 보입니다. 하지만 목적론의 관점에서 말하자면, 그는 이 세계를 위험한 곳이라고 생각하기 위해 무수히 많은 과거의 기억 중에서 다름 아닌 개에게 물린 기억을 떠올린 것입니다. 그리고 그가 세계를 위험한 곳으로 여기고 싶었던 데는, 다른 사람과 관계를 적어도 적극적으로는 맺고 싶지 않다는 목적이 있기 때문이었습니다.

　하지만 시간이 흘러 그는 '이 세계는 그렇게 무서운 곳이 아니다. 주위에는 무서운 사람만 있는 것이 아니고 친구도 있다'고 생각할 수 있게 되었습니다. 그러자 잊었던 기억이 떠올랐습니다.

개에게 물린 후 "낯선 아저씨가 나타나서 울고 있는 나를 자전거에 태우고 가까운 병원에 데리고 가주었어." 이것이 그가 떠올린 기억의 나머지 부분이었습니다. 개에게 물린 것까지는 같지만 그 후 '곤경에 처한 순간에 다른 사람에게서 도움을 받았다'는 부분이 추가됨으로써 전혀 다른 이야기가 되었습니다. 앞선 기억은 세계는 위험한 곳이라는 그의 세계상을 뒷받침하기 위해 떠올린 이야기지만, 나중 기억에서는 이것이 곤경에 처했을 때 도움을 받은 이야기로 달라졌습니다. 이렇게 세계에 대해 '지금' 하는 의미부여가 달라지면 과거 또한 달라질 수가 있는 것입니다.

개인이 자기 자신과 인생에 어떤 의미를 부여했는지 밝히는 데 가장 큰 도움이 되는 것은 그 사람의 기억이다. 본인은 사소하다 여길지도 모르지만 모든 기억은 중요하다. 당연히 '기억할 만한' 뭔가를 보여주기 때문이다. 그리고 그 무엇은 그 사람이 묘사하는 삶과 연관되어 있기 때문에 기억할 만하다. 그것은 당사자에게 이런 말들을 한다. '이게 당신이 기대해야 하는 거야' '이게 당신이 피해야 하는 거야' 심지어 '인생이란 그런 거야!'라는 말도. 다시 한 번 강조하지만, 경험 자체는 기억 속에 끈질기게 남아서 인생에 부여하는 의미를 확고하게 만드는 이런 특정한 경험보다 중요하지 않다. 모든 기억은 계속 떠오르도록 선택된 것이다.

어린 시절 기억은 개인이 인생에 얼마나 오랫동안 특정한 접근법을 적용해왔는지를 보여주는 데, 그리고 그 사람이 처음으로 인생에 대한 태도를 수립할 때 어떤 환경이었는지를 밝히는 데 특히 유용하다. 모든 사람의 초기 기억은 두 가지 이유에서 대단히 중요한 위치를 차지한다. 첫째, 그것은 개인이 자신과 자신의 처지에 대해 내리는 근본적인 평가를 압축해 담고 있다. 그것은 자신의 겉모습에 대한 첫 요약 설명이며, 자신에게 가해지는 요구와 자기 자신에 대한 완벽한 첫 상징이다. 둘째, 그것은 자기 마음속에 존재하는 주관적인 출발점, 스스로 써 내려가는 자서전의 시작점이다. 결론적으로 우리는 그 초기 기억 속에서 자신의 나약하고 무능한 위상에 대한 인식과 자신이 이상으로 삼는 힘과 안전이라는 목표 사이의 차이 나는 대비를 발견한다. 심리학의 목적에서는 개인이 고려하는 기억이 실제로 자신이 기억할 수 있는 첫 사건인지, 심지어 그것이 실제로 일어난 사건의 기억인지는 중요하지 않다. 기억은 그것이 보여주는 것 때문에, 그것이 인생에 대해 내리는 해석 때문에, 그것이 현재와 미래와 맺고 있는 관계 때문에 중요할 뿐이다.

_『인생의 의미의 심리학』, 제1장 인생의 의미, '초기 기억과 꿈'

인간이 살고 행위하고
자신의 입장을 찾아내는 방법은
반드시 목표의 설정과 관계가 있다.
일정한 목표가 없으면
아무것도 생각할 수도
착수할 수도 없다.

_『성격심리학』

변하지 않는다?
변하고 싶지 않다?

사람들은 대부분 '일부러 미지의 세계에 발을 들이기보다는 지금 이대로의 생활양식을 유지하는 편이 낫다'고 생각합니다. 즉 변할 수 없는 것이 아니라 변하고 싶지 않은 것입니다.

⋮

이제까지 여러 차례 '의미부여'라는 말을 썼는데, 아들러는 이 세계에 대한 그리고 인생과 자신에 대한 의미부여를 '생활양식lifestyle'이라고 불렀습니다. 자신은 자기를 어떻게 보고 있는가(자기개념), 타인을 포함한 세계의 현상에 대해 어떻게 생각하고 있는가(세계상), 자신과 세계에 대해 어떤 이상을 품고 있는가(자기이상), 이 세 가지를 한데 묶은 신념 체계가 생활양식입니다.

글을 쓸 때의 어조, 빠르기, 흐름을 총칭해서 '문체'라고 하며 영어로는 '스타일style'이라고 합니다. 아들러가 말하는 '생활양식'은 우리가 태어나서 죽을 때까지 쓰는 인생이라는 '자서전'에서 한 사람 한 사람의 문체와 같은 것입니다. 메이지 시대에 함께 활동한 대문호 나쓰메 소세키夏目漱石와 모리 오가이森鷗外의 문체가 서로 다르듯이, 사람에게는 저마다의 생활양식이 있다고 아들러 심리학은 보았습니다.

의미는 단지 말의 문제가 아니다. 의미는 생활양식 속에 나타나며, 개인이 저마다 창조해낸 낯선 멜로디처럼 생활양식 속으로 퍼져 나간다. 사람들은 우리가 확고하게 규정할 수 있는 방식으로 자신의 목표를 표현하지 않는다. 그러는 대신 모호하게 표현해서, 우리는 그들이 던지는 실마리를 통해 목표를 짐작해내야 한다. 어떤 사람의 생활양식을 이해하는 것은 시인의 작품을 이해하는 것과 같다. 시인은 말만 사용하지만, 그들이 시에 담아내는 의미는 말을 넘어선다. 시의 의미는 대부분 연구와 직관으로 추론해내야 한다. 다시 말해 행간을 읽어내야 한다. 한 개인의 인생철학도 이 가장 심오하고 복잡 미묘한 창작품인 시와 마찬가지다. 심리학자는 행간을 읽는 법을 배워야 한다. 숨은 의미를 꿰뚫어 보는 기술을 익혀야만 한다.

_『인생의 의미의 심리학』 제3장 열등감과 우월감, '우월성의 목표'

아들러는 『인생의 의미의 심리학』에서 "다섯 살이 끝나기 전에 생활양식이 정해진다"라고 했습니다. 하지만 저는 생활양식이 형성되는 시기가 이보다 조금 늦은 열 살 전후라고 생각합니다. 생활양식은 타고난 것이 아니라 자신이 정하는 것입니다. 다양한 생활양식을 시도해보고 자기 나름대로 '이렇게 하자'고 결심하는 것이 열 살 무렵입니다. 이것은 스스로 선택한 것이라서 바꾸려고 하면 나중에 얼마든지 바꿀 수 있습니다.

하지만 사는 동안 생활양식을 다시 선택하기란 그렇게 녹록하지 않습니다. 생활양식은 자신이나 세계를 바라보는 견해인 동시에 문제를 해결할 때의 정해진 패턴과 같은 역할을 하므로 이러한 패턴을 한번 익히면 그때그때 해결 방식을 새로 생각해내지 않아도 됩니다. 반면에 융통성이 없어서 새로운 상황에 적절하게 대응하지 못하기도 합니다. 따라서 이 패턴이 한번 만들어지면 그것을 바꾸기란 쉽지 않습니다. 다른 생활양식으로 문제를 해결하려고 하면 즉시 미지의 세계로 뛰어 들어가는 셈이 되기 때문입니다. 생활양식을 바꾸려고 해도 좀체 바꿀 수 없는 예를 하나 들어볼까요?

평소 그렇게 친하지 않지만 남몰래 호의를 품고 있는 사람이 맞은편에서 걸어온다고 해봅시다. 그런데 어쩐 일인지 그 사람은 스쳐 지나가는 동안 여러분을 외면했습니다. 이때 여러분이라면 상대방의 행동을 어떻게 해석(의미부여)하겠습니까?

대개의 사람들은 그 모습을 보고 '날 싫어하는 게 아닐까' '피하는 게 아닐까'라고 해석합니다. 하지만 모든 사람이 그렇게 해석하는 것은 아닙니다. 개중에는 '바람이 심하게 불어서 콘택트렌즈가 빠졌나 보다'라고 생각하는 사람도 있을 테고 '나한테 마음이 있어서 일부러 의식하고 눈길을 피한 건 아닐까'라고 생각하는 사람도 있습니다. 그렇게 의미부여하면 얼마나 행복하겠습니까마는 많은 사람이 익숙한 해석에서 벗어나지 못합니다.

왜냐하면 '나 같은 건 상대하지 않을 거야'라고 해석하는 편이 자신에게 더 편하기 때문입니다. '눈길을 피한 건 그 사람이 나에게 호의를 갖고 있기 때문이야'라고 의미부여하면 '말을 건다'라는 다음 단계로 넘어가야 합니다. 게다가 용기를 내어 말을 걸었다 해도 무시당할지도 모르고, 운 좋게 교제가 시작되었다고 해도 머지않아 차이지 말란 법도 없습니다.

그래서 사람들은 대부분 '일부러 미지의 세계에 발을 들이기보다는 지금 이대로의 생활양식을 유지하는 편이 낫다'고 생각합니다. 즉 변할 수 없는 것이 아니라 변하고 싶지 않은 것입니다. '할 수 없다can't'가 아니라 '하고 싶지 않다won't'라고 생각하면서, 변하려고 하면 얼마든지 변할 수 있는데도 변하지 말자고 선택하는 것입니다.

그럼 어떻게 하면 지금의 생활양식을 바꿀 수 있을까요? 변하기 위해서는 자신이 지금 어떤 생활양식으로 살고 있는지를 알아야 합니다. 한번 정한 생활양식은 말하자면 안경이나 콘택트렌즈와 같습니다. 늘 그것을 통해 세계를 보기 때문에 쓰고 있는 것조차 스스로 망각할 때가 많습니다. 그래서일까요? 다른 사람에게는 그것이 보여도 자신에게는 보이지 않습니다. 따라서 생활양식을 바꾸기 위해서는 자신이 지금까지 어떤 안경과 콘택트렌즈를 쓰고 이 세계를 보았는지 알아야 합니다.

의미부여가 아주 심각하게 잘못되었다 하더라도, 문제와 과제에 대한 접근법을 잘못 판단해 불운과 불행이 끊이지 않는다 하더라도, 우리는 쉽사리 그 의미를 포기하지 못한다. 인생의 의미에 대한 지각 오류는 잘못된 해석이 빚어낸 자기 상황을 되살피고, 실수를 알아차리고, 통각統覺 체계를 수정함으로써만 바로잡을 수 있다. 어쩌면 아주 드물게, 잘못된 접근의 결과가 자신이 인생에 부여한 의미를 수정하도록 만들 수도 있을 것이다. 그럴 경우 스스로 자기 접근법을 조정하는 데 성공할지도 모른다. 하지만 사회적 압력이 없다면, 또는 지금까지의 접근법이 자신을 망치고 있다는 깨달음이 없다면, 절대 이런 조치는 못 취할 것이나. 일반적으로 개인이 자기 생활양식을 수정할 수 있는 가장 효과적인 길은 심리학에, 이 의미부여에 대한 이해에 정통한 누군가의 도움을 받는 것이다. 그런 사람은 근본 오류를 발견하고 더 합당한 의미를 부여하도록 이끌 것이다.

_ 『인생의 의미의 심리학』, 제1장 인생의 의미, '어린 시절의 경험'

무엇이 생활양식을
정하는가

중요한 것은 무엇이 주어졌느냐가 아니라 주어진 것을 어떻게 활용하느냐다.

•
•
•

무엇이 생활양식을 정할까요? 본인의 결단입니다. 생활
양식 형성의 결정 인자는 본인의 결단밖에 없습니다. 그렇게
생각하지 않으면 같은 부모 밑에서 태어나 거의 같은 환경에
서 자란 형제의 생활양식이 차이 나는 이유를 설명할 수 없습
니다.

하지만 우리는 아무것도 없는 맨땅에서 생활양식을 선택

하는 것이 아닙니다. 거기에는 생활양식의 선택에 영향을 미치는 것들이 적지 않게 있습니다. 생활양식을 선택할 때 무엇이 어떻게 영향을 미치는지 아는 것은, 현재 자신의 생활양식이 어떠한지를 알고 그것을 바꾸는 데 꼭 필요합니다. 나에게 다른 선택지가 있다는 사실, 내가 예나 지금이나 상대방을 바꿔가며 똑같은 행동을 하고 있다는 사실을 알면 새로운 생활양식에 뛰어들 수 있기 때문입니다.

생활양식을 결정할 때 영향 인자로 어떤 것이 있는지 순서대로 살펴봅시다. 첫 번째는 '유전'입니다. 많은 사람이 유전의 영향이 크다고 생각하는데 아들러는 유전의 영향을 대수롭지 않게 여겼습니다. 아이의 성격이 부모와 닮은 것은 오래 함께 사는 동안 부모를 모방한 결과일 뿐이라고 생각했습니다. 어린 시절부터 줄곧 함께 살면 말투, 몸짓, 목소리, 억양 등이 비슷해져도 전혀 이상하지 않습니다.

아들러는 "중요한 것은 무엇이 주어졌느냐가 아니라 주어진 것을 어떻게 활용하느냐다"(『왜 신경증에 걸릴까』)라고 말했습니다. 하지만 주위를 둘러보면 '무엇이 주어졌는가'에만 주목하여 자신의 능력에 한계가 있다고 생각하는 사람이 의외로 많습니다. 그럴 때 유전이 거론되곤 하는데, 아들러는 교육에서 가장 큰 문제로 처음부터 자신에게 한계가 있다고 여기고 과제에 임하지 않는 태도를 꼽았습니다.

단, 앞에서 나온 '기관열등성'은 생활양식의 형성에 큰 영향을 미친다고 아들러는 보았습니다. 하지만 핸디캡을 가진 사람이 반드시 의존적으로 된다는 이야기는 아닙니다. 아들러 자신이 구루병을 극복한 것처럼, 본인이 인생의 과제에 어떻게 임하느냐에 따라 그 후의 삶은 달라질 수 있습니다. 아들러 심리학을 '소유의 심리학'이 아니라 '사용의 심리학'이라고 하듯이, 무엇이 주어졌느냐가 아니라 그것을 어떻게 활용하느냐가 중요합니다.

생활양식에 대한 영향 인자로서 두 번째로 꼽을 수 있는 것이 '환경'입니다. 여기서 말하는 환경이란 부모자식과 형제자매 등의 인간관계를 가리킵니다. '형제자매 관계'는 다음에 살펴볼 '부모자식 관계'보다 생활양식의 형성에 더 큰 영향을 끼칩니다. 단 어디까지나 '경향'이며 몇 번째로 태어났는지가 생활양식을 결정하는 것은 아닙니다.

예를 들어 첫째의 경우, 태어나서 얼마 동안은 왕자님·공주님처럼 부모의 애정과 관심을 한 몸에 받으며 자랍니다. 하지만 아래로 남동생이나 여동생이 태어나면 바로 왕좌에서 물러나게 됩니다. 이 사태를 어떻게 해석하느냐는 사람에 따라 다르지만 대부분은 "넌 오늘부터 형/오빠/언니/누나야"라는 부모의 말을 계기로 그때까지 혼자서 하지 못했던 일도 자기 힘으로 하려고 하는 등 근면한 노력가가 됩니다. 하지만 문제 행동을 일으키거나 현상을 유지하기 위해 보수적이 되는 아이도 있습니다.

중간에 낀 아이는 처음부터 위에 형/오빠/언니/누나가 있고 머지않아 남동생과 여동생이 태어나므로 한 번도 부모의 애정, 주목, 관심을 독점하지 못하고 자랍니다. 그래서 부모의 주목을 받으려고 문제 행동을 일으킬지 모릅니다. 거꾸로 부모가 보살펴주지 않아서 혼자서 어떻게든 해보려고 하는 등 다른 어느 형제보다 자립심이 강한 경우도 있습니다.

막내는 첫째나 가운데와 달리 "넌 오늘부터 형/오빠/언니/누나야"란 말을 들을 일이 없습니다. 그래서 스스로 노력하지 않고 남에게 기대는 의존적인 아이가 될 가능성이 있습니다. 하지만 다른 한편으로 붙임성 있는 사람이 될 수도 있습니다. 강연이나 강의가 끝난 후 질문을 받으면 맨 처음 손을 드는 사람 중에 막내가 많습니다. 첫째로 자란 사람 중에는 '이런 질문을 하면 다들 웃지 않을까' 망설이느라 손을 들지 못하는 사람이 많습니다. 그에 비해 막내는 거리낌 없이 질문합니다. 그런 사람이 많이 배웁니다.

외동아이의 경우는 인간관계의 갈등을 그리 많이 경험하지 않아서 또래와 잘 어울리지 못하는 경향이 있습니다. 다른 한편으로 자립심 있는 아이로 자라서 타인과 함께 살아가려고 노력하는 사람도 있습니다. 외동아이의 경쟁자는 다른 형제가 아니라 아버지입니다. 그래서 어머니에게 응석을 부리는 아이는 마더콤플렉스에 걸릴지도 모른다고 아들러는 말합니다.

개인심리학은 아이들이 가족 내에서 차지하는 위치에 따라 겪는 상대적 이익과 불이익을 조사, 연구하는 장을 활짝 열어젖혀 왔다. 가장 간단한 형태로 이 문제를 살펴보기 위해, 부모가 잘 협력하고 아이들 양육에 최선을 다한다고 가정해 보자. 가족 내에서 각 아이들이 차지하는 위치는 끊임없이 막대한 영향력을 행사하며, 아이들은 줄곧 서로 완전히 다른 환경에서 자란다. 한 가족 안에서 두 아이의 환경은 절대 동일하지 않다는 사실을 우리는 되풀이해서 강조해야만 한다. 아이들 각자의 생활양식에는 자기만의 특수한 상황에 적응하려는 시도가 반영되어 있다.

첫째 아이는 혼자뿐인 시기를 한동안 경험한다. 그러다가

갑자기 둘째가 태어나는 새로운 상황에 적응하도록 강요당한다. 맏이는 대개 많은 관심과 떠받듦을 받는다. 그래서 흔히 가족의 중심이 되는 데 익숙하다. 그렇지만 또한 너무나 갑작스럽게 다짜고짜 자기 위치에서 내쫓긴다. 둘째가 태어나면 맏이는 더 이상 특별하지 않다. 이제 맏이는 경쟁자와 부모의 관심을 나눠 가져야 한다. 이런 변화는 언제나 막대한 영향을 미친다. 많은 문제아, 신경증 환자, 범죄자, 알코올중독자, 성도착자의 문제가 이 같은 상황에서 비롯된다. 그들은 다른 아이의 등장을 예민하게 받아들이고, 박탈감을 자신의 생활양식으로 삼는 맏이들이다.

둘째 아이는 동일한 방식으로 자신의 위치를 상실할지 모르지만 아마 그 상황을 덜 심각하게 받아들일 것이다. 이미 다른 아이와 협력을 경험해봤기 때문이다. 둘째는 한 번도 관심과 돌봄을 독차지해본 적이 없다. 첫째에게 이 상황은 완전한 변화에 해당한다. 만약 새 아기가 탄생함으로써 첫째가 실제로 무시당한다면 그 상황을 쉽게 받아들이리라 기대하기는 어렵다. 앙심을 품더라도 원망하지 못하게 만들 방도가 없다. 물론 부모가 첫째에게 변함없는 애정을 확신시켜줄 수 있다면, 첫째에게 동생의 탄생에 대해 신중히 준비시키고 협력하는 훈련을 꾸준히 시킨다면, 이 위기는 별 탈

없이 지나갈 것이다. 그러나 대개는 그런 준비가 갖추어지지 않는다. 새로 태어난 아기는 첫째로부터 관심과 사랑과 애정을 앗아가버린다. 첫째는 어머니를 되찾고 어머니의 관심을 다시 끌 방법을 생각해내려고 애쓴다. 때로는 어머니가 이 다툼에 말려들어, 서로 어머니를 차지하려고 싸우는 두 아이 사이에서 끌려다닌다.

첫째는 힘을 쓰는 데 더 능숙하고 새로운 속임수를 더 잘 생각해낸다. 이런 상황에서 첫째가 어떻게 할지는 충분히 상상 가능하다. 우리가 만일 첫째의 처지라면 할 행동과 정확히 똑같은 행동을 할 것이다. 우리는 어머니를 걱정하게 만들고 어머니와 싸우려 들고 어머니가 무덤덤하게 봐 넘기지 못할 행동을 할 것이다. 첫째는 어김없이 그렇게 할 것이다. 그리고 결국에는 어머니의 인내심을 말려놓는다. 첫째는 자기 마음대로 할 수 있는 모든 것을 사용하여 필사적으로 싸운다. 어머니는 골머리를 썩이는 이 문제에 진절머리가 나고, 이제 첫째는 사랑받지 못하는 것이 어떤 건지를 정말로 경험하기 시작한다. 어머니의 사랑을 얻기 위해 싸웠지만 끝내는 사랑을 잃어버리는 것이다. 애초에 뒤로 밀려났다고 느꼈지만, 지금은 자기 행동 때문에 정말로 밀려나버린다. 그리고 그걸 당연하다고 여긴다. "그럴 줄 알았어"라면서.

다른 사람들이 틀렸고 자신이 옳다. 이것은 마치 덫에 빠진 것과 같아서, 몸부림치면 칠수록 상황은 더 나빠진다. 첫째가 자기 상황을 바라보는 관점은 언제나 확고부동하다. 자신의 모든 본능이 자기가 옳다고 말할 때 어떻게 싸움을 포기할 수 있겠는가?

이 싸움 전체에서 우리는 개인이 처한 환경을 면밀히 살펴야 한다. 만일 어머니가 그러지 못하게 막으면, 이 아이는 걸핏하면 화를 내고 통제 불가능해지고 비난하고 반항한다. 아이가 어머니에게 등을 돌릴 때, 흔히 아버지가 아이에게 이전의 유리한 위치를 되차지할 기회를 제공한다. 아이는 아버지에게 더 관심을 보이면서 아버지의 주목과 애정을 얻으려 애쓴다. 첫째는 곧잘 아버지를 더 좋아하고 아버지 쪽으로 더 마음이 기운다. 아이가 어느 지점에서 아버지를 더 선호하게 되는지 우리는 확신할 수 있는데, 이것은 이차적인 단계에 해당한다. 처음에 아이는 어머니에게 애착을 가지지만 곧 어머니를 향한 애정을 상실한다. 그리고 어머니에 대한 비난으로 아버지에게 애정을 옮겨간다. 만일 아이가 아버지를 더 좋아한다면 우리는 그 아이가 이전에 좌절로 고통을 겪었음을, 거부당하고 버림받았다고 느꼈음을 알 수 있다. 아이는 그 사실을 잊을 수가 없으며, 그리하여 아이의 전체 생활양식은 이 소외감으로 온통 얼룩진다.

이러한 싸움은 오랫동안, 때로는 전 생애에 걸쳐 지속된다.

이렇게 자라나는 아이는 스스로 싸우고 저항하는 법을 훈련하고, 모든 상황에서 끝없이 싸운다. 아마 이 아이는 그 누구의 관심도 끌 수 없을 것이다. 그리하여 아이는 희망을 잃고 자신이 누구의 애정도 얻을 수 없을 것이라고 상상한다. 아이는 짜증을 잘 내고 말이 없어지며 다른 사람들과 어울리지 못하게 된다. 아이는 스스로를 고립에 빠뜨린다. 이러한 아이의 모든 행위와 표현은 과거를 가리켜 보인다. 자신이 관심의 중심이던 지나가버린 시절을.

_ 『인생의 의미의 심리학』, 제6장 가족이 미치는 영향, '가족 서열'

아무것도 하지 않으면
아무 일도 일어나지 않는다

부모의 가치관이 미치는 영향

분위기가 다른 가정에서 자란 상대와 결혼할 경우 문제가 생길 수 있습니다.
자신에게는 당연한 일이 상대방에게는 당연하지 않을 테니까요.

:

이어서 또 한 가지 환경 요인인 '부모자식 관계'에 대해 살펴보겠습니다. 가족 내에서 생활양식에 영향을 끼치는 요인에는 두 가지가 있습니다.

첫 번째는 '가족 가치'입니다. 가족 가치란 학력을 중요하게 여긴다거나 공부는 못해도 튼튼하고 건강하게 살면 된다는, 각 가족이 갖고 있는 고유한 가치관을 가리킵니다. 부모의 가치관에 따르느냐 따르지 않느냐, 또는 전혀 다른 가치관을 선택하느냐를 결정하는 것은 아이의 몫이지만 너무 강한 가족 가치는 아이가 생활양식을 선택하는 데 큰 영향을 끼치게 됩니다.

부모가 둘 다 같은 생각을 하면 가족 가치는 강력한 힘을 발휘합니다. 한편 부모 중 어느 한쪽만이 강한 가치관을 갖고 다른 한쪽이 거기에 관여하지 않는 경우 그 가치관은 아이에게 별다른 영향을 끼치지 않습니다.

두 번째는 '가족 분위기'입니다. 이것은 가정 내에서 뭔가를 결정할 때의 법칙이라고도 할 수 있습니다. 아버지 또는 어머니가 권위적이고 가족 안에서 늘 주도권을 쥐는 가정이 있는가 하면, 부모와 자식이 대등하다고 여기고 모든 것을 민주적인 대화를 통해 결정하는 가정도 있습니다. 이러한 가정 내 규칙은 아이가 의식하지 않아도 몸에 뱁니다. 따라서 자신이 나고 자란 가정과 분위기가 다른 가정에서 자란 상대와 결혼할 경우 문제가 생길 수 있습니다. 자신에게는 당연한 일이 상대방에게는 당연하지 않을 테니까요.

나아가 '문화'도 생활양식을 결정하는 영향 요인이 됩니다. 자란 나라와 지역의 문화에 따라 행동양식과 사고방식에 큰 차이가 납니다. 예를 들면 일본에서 자란 사람은 직접 말로 주장하기를 꺼려합니다. 그 대신에 간접적으로 의사표시를 하거나 분위기를 읽어서 다른 사람의 기분을 헤아리고 배려하는 것을 미덕으로 여깁니다. 그래서 다른 문화권에서 자란 사람이 그러한 문화가 있는 줄 모른 채 무턱대고 관계를 맺으려 했다가는 그 즉시 낭패를 당하게 됩니다.

다른 사람이 무엇을 느끼고 생각하는지 얼굴만 봐도 알 수 있으면 정말 좋겠지만 실제로는 얼굴만 봐선 무슨 생각을 하는지 알 수가 없습니다. 게다가 남의 기분이나 생각을 알아야 한다고 주장하는 사람은 다른 사람에게도 그렇게 하기를 요구합니다. 다른 사람 또한 자신이 말로 표현하지 않아도 자기 기분이나 생각을 알아야 한다고 생각하는 것입니다. 하지만 말로 표현하지 않으면 알 수가 없습니다.

아버지의 과제는 두세 마디로 정리할 수 있다. 아버지는 자신이 아내와 아이들과 사회에 훌륭한 동반자임을 증명해야만 한다. 아버지는 인생의 세 가지 과제(일, 우정, 사랑)에 적절히 대처해야 한다. 그리고 가족을 보살피고 보호하는 일에서 아내와 대등한 자격으로 협력해야 한다. (…) 자신은 몽땅 주기만 하고 다른 가족은 몽땅 받기만 한다고 티를 내서는 절대 안 된다. 안정된 결혼 생활에서 남편이 돈을 번다는 사실은 가정에서 분업의 결과일 따름이다. (…) 가정에 지배자가 있어서는 안 된다. 그리고 불평등한 느낌을 주는 경우는 일절 피해야만 한다. (…)

아버지가 아이들에게 미치는 영향은, 많은 아이가 전 생애에 걸쳐 아버지를 자신의 이상이자 최대의 적으로 여길 만큼 중요하다. 벌, 특히 체벌은 아이들에게 언제나 해롭다. 우정 어린 친밀함이 결여된 모든 가르침은 잘못된 가르침이다. 불행하게도 가정 내에서 아이들에게 벌주는 일을 아버지가 맡는 경우가 빈번하다. 이것은 여러 가지 이유에서 불행하다. 무엇보다도 이것은 여성인 어머니가 아이들을 제대로 양육할 수 없으며 도와줄 완력이 필요한 약한 존재라는 확신을 심어준다. 만일 어머니가 "너희, 이따 아버지가 집에 돌아오시면 보자"라고 말한다면 인생에서 진정한 권력과 최종 권위는 남자에게 있다고 여기도록 아이들에게 준비시키는 셈이다. 둘째, 이것은 아이들과 아버지의 관계를 저해하고 아이들이 아버지를 좋은 친구처럼 여기는 대신 두려워하게 만든다. 어떤 어머니들은 자신이 직접 벌을 내리면 아이들에 대한 애정의 지배권을 상실할까 봐 겁을 낸다. 하지만 아버지에게 벌주는 일을 맡기는 것은 해결책이 아니다.

아무것도 하지 않으면
아무 일도 일어나지 않는다

어머니는 자신을 도와 대신 복수해줄 사람을 불러냄으로써 아이들에게 비난받는 일을 모면한다. 많은 어머니가 여전히 아이들의 반항을 억누르기 위해 "아버지한테 이를 거야"라는 협박을 사용한다. 이럴 경우 아이들은 인생에서 남자의 역할에 대해 어떤 결론을 이끌어내게 될까?

_ 『인생의 의미의 심리학』, 제6장 가족이 미치는 영향, '아버지의 역할'

용기가 있고 자신감이 있고
마음을 편히 갖는 사람만이
인생의 유용한 면에서만이 아니라
곤경에서도 이득을 얻을 수 있다.

_『삶의 과학』

인간관계 속으로 들어갈 '용기' 내기

인간관계는 고민의 원천입니다. 하지만 인간관계 속으로 들어가지 않으면 살아가는 기쁨과 행복 또한 얻지 못합니다.

·
·
·

지금까지 살펴본 다양한 영향 요인을 근거로 하여 우리는 자신의 생활양식을 결정합니다. 결정 요인이 아니라 어디까지나 영향 요인이긴 하지만 이것도 꽤 강력합니다.

고민이 있어서 상담을 받으러 오는 사람에게 저는 "당신은 당신 자신을 좋아합니까?"라고 물어봅니다. 그러면 대개 "싫어합니다"라고 대답합니다. 왜 그렇게 대답할까요? 거기에는 두 가지 이유가 있습니다. 첫째는 우리가 어린 시절부터 '상벌 교육'을 받고 자랐기 때문입니다. 상벌 교육이란 적절한 행동을 하면 칭찬하고 나쁜 행동을 하면 벌을 주는 교육법을 가리킵니다. 교사와 부모가 아이의 결점과 단점에만 주목하면 아이는 늘 야단맞으면서 자라므로 어른이 되어도 자기 자신을 좋아하지 못합니다.

또 하나는 자신을 좋아하지 않기로 결정했기 때문입니다. 자신을 좋아해서 자신감이 생기면 인간관계 속으로 들어가야 합니다. '니 같은 건 매력이 없어서 아무도 좋아하지 않을 거야'라고 생각하면 다른 사람과 관계를 맺을 필요가 없습니다. 인간관계 속으로 들어가지 않겠다는 목적을 이루기 위해 '나 자신을 싫어하자'라고 결심한 것입니다.

그런 사람은 먼저 결과가 어떻든 인간관계에 들어갈 '용기'를 내야 합니다. 인간관계는 고민의 원천입니다. 하지만 인간관계 속으로 들어가지 않으면 살아가는 기쁨과 행복 또한 얻지 못합니다. 사람들은 대부분 지금 하지 못하는 이유, 하지 않는 이유를 과거 경험이나 자신을 둘러싼 환경 탓으로 돌립니다. 하지만 생활양식을 선택하는 사람은 자신입니다. 그리고 스스로 선택했다면 언제든 다시 선택할 수 있습니다.

다른 사람과 상황에 책임을 뒤집어씌우면 간단합니다. 하지만 생활양식은 스스로 선택한 것이라고 아들러는 강조합니다. 생활양식을 바꾸지 않겠다는 결심을 버리면 생활양식은 변할 것입니다.

단, 결심만 해서는 아무것도 바뀌지 않습니다. 먼저 무의식중에 몸에 밴 자신의 생활양식을 알아야 합니다. 그러고 나서 그때까지와는 다른 생활양식을 선택합니다. 다만 그전에 어떤 생활양식을 선택하면 좋을지 알아둘 필요가 있습니다. 아들러가 어떤 생활양식을 권했는지는 뒤에서 살펴보도록 하겠습니다.

아무것도 하지 않으면
아무 일도 일어나지 않는다

제2부

자신을
괴롭히는 것의 정체

지금보다 나아지고 싶은 것이
인간의 보편적 욕구다

무력한 존재로 이 세상에 태어났기 때문에 인간은 어떻게든 그 상태에서 빠져
나오기를 간절히 바랍니다.

．

●
●
●

앞에서 '인간은 늘 자신에게 이익이 되는 것(선)을 추구하
며 살아간다'고 이야기했습니다. 문제는 무엇이 자신에게 선
인지 판단할 때 착각을 할 수 있다는 점입니다. 그래도 우리
는 선을 추구하면서 지금보다 나은 존재가 되기를 바라며 하
루하루를 살아갑니다. 아들러는 이것을 '우월성의 추구'라고
했습니다.

그러면 왜 우리는 우월성을 추구하는 것일까요? 인간은 누구나 무력감을 안고 이 세상에 태어나기 때문입니다. 갓 태어난 아기는 혼자서 일어서지도 말하지도 못합니다. 부모와 타인의 협력이 없으면 한시도 살 수가 없습니다. 소와 말 같은 대부분의 동물이 태어나자마자 걷기 시작하는 것을 볼 때, 인간이 얼마나 나약하고 무력한 존재인지 알 수 있습니다. 무력한 존재로 이 세상에 태어났기 때문에 인간은 어떻게든 그 상태에서 빠져나오기를 간절히 바랍니다.

아들러는 이러한 우월성의 추구를 인간의 보편적 욕구라 생각하고 다음과 같이 말했습니다.

모든 인간에게 동기를 부여하고, 우리가 우리 문화에 이바지한 모든 것의 원천이 되어준 것은 우월성의 추구다. 인간 생활 전체는 이 거대한 행동 방침을 따라, 즉 아래에서 위로, 마이너스에서 플러스로, 패배에서 승리로 나아간다.(『인생의 의미의 심리학』, 제3장 열등감과 우월감, '우월성의 목표')

우월성의 추구와 짝을 이루는 것이 '열등감'입니다. 아들러 심리학에서는 우월성의 추구와 열등감은 누구나 갖고 있으며 그러니 어느 쪽이든 노력과 성장을 위한 자극이 된다고

아무것도 하지 않으면
아무 일도 일어나지 않는다

합니다. 열등감이란 남과 자신을 비교할 때 생기는 감정이라고 흔히들 생각하지만, 여기서 말하는 열등감이란 타인과의 비교가 아니라 '이상 속 자신과 현실 속 자신의 비교'에서 생기는 것입니다. 아들러는 이 열등감이야말로 인류의 모든 진보의 원동력이 된다고 보고 이렇게 말했습니다.

예를 들면 과학의 진보는 자신들이 무지하다는 것과, 장래를 위해 대비해야 한다는 것을 사람들이 의식할 때만 가능하다. 즉 그것은 인간이 자신들의 운명을 개척하고, 우주 만물에 대해 더 많은 것을 배워서 그것을 더 잘 다루려고 노력해온 산물이다. 실제로 나는 인간 문화 전부가 열등감에 기초한다고 생각한다.(『인생의 의미의 심리학』, 제3장 열등감과 우월감, '열등콤플렉스')

확실히 우리는 우주 만물에 대해 모르기 때문에 더 알고 싶어 합니다. 모른다는 열등감과 더 알고 싶다는 우월성의 추구는 인간과 세계에 수많은 혜택을 가져다주었습니다. 하지만 아들러는 너무 강한 열등감은 '열등콤플렉스', 너무 지나친 우월성의 추구는 '우월콤플렉스'라고 부르면서 둘 다 인생에 도움이 되지 않는다고 보았습니다.

기쁨은 곤경을 극복하기 위한 바른 표현이다.
그리고 웃음은 기쁨과 손을 잡고
인간을 해방시킨다.
말하자면 감정의 열쇠가 되는 것이다.
웃음과 기쁨은 자신의 인격을 뛰어넘어
타자와의 공감을 만들어낸다.

_『성격심리학』

'겉보기 인과율'과 '인생의 거짓말'에 현혹되지 마라

열등콤플렉스가 있는 사람은 하지 않는 이유, 할 수 없는 이유만을 찾으며 현실의 과제를 외면하려 합니다.

⋮

그러면 열등콤플렉스·우월콤플렉스란 구체적으로 어떤 상태를 가리키는 걸까요? 먼저 열등콤플렉스에 대해 알아보 겠습니다.

아들러 심리학에서 열등콤플렉스는 열등감을 '핑곗거리' 로 삼는 것을 가리킵니다. 열등콤플렉스가 있는 사람은 'A라 서 B를 하지 못한다'거나 'A가 아니라서 B를 하지 못한다'는 논리를 일상생활에서 입버릇처럼 늘어놓습니다. 그들은 트라우마나 신경증 같은 자타공인 부정할 수 없는 핑계 A를 대서 B를 할 수 없다고 주장합니다.

일상생활 속에서 우리는 이런 열등콤플렉스의 논리를 내세우는 경우를 흔히 볼 수 있습니다. 예를 들어 아이가 아침에 일어나서 "학교에 안 갈래"라고 말했다고 해봅시다. 그냥 가고 싶지 않다고 하면 부모가 허락하지 않겠지만 아프다고 하면 봐주겠거니 생각한 아이는 "배가 아파서 오늘은 학교에 못 가겠어"라고 말합니다. 이것은 꾀병이되 꾀병이 아닙니다. 부모에게 말할 때는 정말로 배가 아프니까요. 하지만 부모가 학교에 연락해 정식으로 쉬게 된 순간, 학교에 가지 않겠다는 목적을 달성했으므로 통증은 눈 깜짝할 새에 사라져버립니다.

이 아이의 경우 'A라서 B를 할 수 없다'라는 논리로 학교를 쉬려고 하지만, B를 하지 않기 위한 핑계, 구실로 A라는 이유를 들먹인 것뿐입니다. A와 B 사이에는 실제론 인과관계가 없습니다. A라서 반드시 B를 못 하는 것은 아니기 때문입니다. 이것을 아들러는 '겉보기 인과율'이라 했습니다. 그리고 학교를 쉬려고 작정하고 배가 아프다는 핑계로 학교에

가지 않으면 결국 부모만이 아니라 자신마저 속이는 셈이 되
는데, 이렇게 구실을 내세워 인생의 과제와 맞닥뜨리지 않는
것을 가리켜 '인생의 거짓말'이라고 했습니다. 이처럼 열등콤
플렉스란 겉보기 인과율을 내세워 인생의 과제를 회피하려는
경향을 가리킵니다.

안면홍조증을 고치러 온 여학생에게 "안면홍조증이 나으
면 뭘 하고 싶나요?"라고 묻자 "짝사랑하는 사람에게 고백하
고 싶어요"라고 대답했다고 합시다. 본인은 '안면홍조증이라
서 남성과 사귈 수가 없다'고 믿고 있지만, 실제로는 '고백했
다 차일까 봐 두려워서', 다시 말해 그 사람과의 인간관계를
회피하기 위한 이유(핑계)로 안면홍조증을 지어낸 것입니다.

본래 열등감이란 건설적으로 보상하는 수밖에 없습니다.
예를 들어 자신이 이상으로 여기는 상황에 도달하지 못했다
면 '더 공부하자' '더 노력하자' 생각하고 건설적인 노력을 하
는 수밖에 없습니다. 하지만 열등콤플렉스가 있는 사람은 하
지 않는 이유, 할 수 없는 이유만을 찾으며 현실의 과제를 외
면하려 합니다.

"만약 …라면"이라는 말도 자주 합니다. "학력이 높으면
성공할 텐데"라든가 "학벌이 좋았다면 더 출세했을 텐데"라

고 말입니다. 학력이 높으면 성공할지는 차치하고, 정말로 학력이 필요하다면 일하면서 야간대학이나 방송대학에 다니면 됩니다. 업무상 영어가 필요하다면 오늘부터 당장 집에 돌아가서 영어 공부를 시작하면 됩니다. 그런데 실제로 그런 노력을 하지 않는 이유는 '하면 할 수 있다'는 가능성 속에서 살고 싶기 때문입니다. 또한 현실적인 노력을 했다가 바라는 결과가 나오지 않을까 봐 두렵기 때문입니다.

그런 사람은 자신이 우수할지도 모른다는 가능성 속에서 살고 싶어 합니다. 즉 우월콤플렉스가 있는 것입니다.

많은 신경증 환자에게 열등감을 느끼느냐고 물으면 "아니오"라고 대답할 것이다. 심지어 "오히려 내 주변 사람들보다 우월하다고 느낍니다"라고 대답하는 사람도 있을 것이다. 굳이 이렇게 안 물어봐도 된다. 그들의 행동을 관찰하기만 하면 된다. 그러면 자신이 중요한 존재라는 자기확신을 갖기 위해 그들이 쓰는 술수가 드러난다. 예를 들어 오만해 보이는 사람이 있으면 그는 이렇게 느낀다고 추측할 수 있다. '사람들이 날 깔보는 경향이 있어. 내가 중요한 사람이라는 걸 보여줘야 해.' 만약 말할 때 몸동작이 큰 사람을 보면 그가 이렇게 느낀다고 짐작할 수 있다. '이렇게 강조해서

말하지 않으면, 내 말에 무게가 안 실릴 거야.'

우리는 모든 우월 행위의 이면에 은폐하는 데 아주 특별한 노력이 필요한 열등감이 도사리고 있음을 의심할 수 있다. 이것은 어떤 사람이 너무 키가 작은 게 불만이어서 커 보이려고 발뒤꿈치를 들고 걷는 것과 같다. 가끔 두 아이가 서로 키를 비교할 때 이런 행동을 잘 엿볼 수 있다. 자신이 더 작을까 봐 신경 쓰이는 아이는 몸을 쭉 뻗어 아주 꼿꼿한 자세를 유지한다. 실제보다 더 커 보이려고 애쓰는 것이다. 만약 그 아이에게 "네가 너무 작다고 생각하니?"라고 물으면 우리는 "네"라는 대답을 거의 듣기 힘들 것이다.

따라서 우리는 열등감이 강한 사람을 순종적이고, 조용하고, 차분하고, 싫은 소리를 못한다고 가정할 수 없다. 열등감은 수천 가지로 표현될 수 있다. 처음으로 동물원 나들이를 간 세 아이의 사례로 이를 설명해볼 수 있을 것이다. 세 아이가 사자 우리 앞에 서 있을 때 한 아이는 어머니 치마 뒤로 숨으면서 "나 집에 갈래"라고 말한다. 두 번째 아이는 그 자리에 버티고 선 채 하얗게 질린 얼굴로 벌벌 떨면서 "난 하나도 안 무서워"라고 말한다. 세 번째 아이는 사자를 무섭게 노려보며 "나 저놈한테 침 뱉어도 돼?"라고 어머니에게 묻는다. 세 아이 모두 실제로는 두렵지만 각자 자기 방식대로, 자기 생활양식을 따라 자신의 감정을 표현한 것이다.

_ 『인생의 의미의 심리학』, 제3장 열등감과 우월감, '열등콤플렉스'

자신을 더 깊이 알면
더 적절한 방식으로 행동할 수 있다.
그리고 이를 자각하면
자신의 운명을 바꿀 수 없다고 생각하거나
불행한 채로 지내는 것을 방지할 수도 있다.
자신은 자기 운명의 주인이다.

_『성격심리학』

당신 생각만큼 당신에게 기대하는 사람은 없다

우월콤플렉스를 가진 사람 중에는 자신을 자랑하는 것이 아니라 타인의 가치를 깎아내림으로써 상대적으로 우위에 서려는 사람도 있습니다.

⋮

우월콤플렉스는 열등콤플렉스와 대치되는 개념입니다. 자신을 실제보다 우월한 사람으로 보이게 하려는 것이 우월콤플렉스를 가진 사람의 특징입니다. 정말 우월한 사람은 자신을 과시하거나 자만하지 않습니다. 하지만 우월콤플렉스가 있는 사람은 기를 쓰고 자신을 실제보다 커 보이게 만들려고 합니다. 학력과 직책을 과시하는 사람, 값비싼 명품으로 온몸을 치장하는 사람, 과거의 영광에 매달려 잘나가던 시절 이야기만 하는 사람, 아는 사람의 공적을 마치 자기 일처럼 자랑하는 사람도 우월콤플렉스가 있다고 볼 수 있습니다.

자신이 우월하다는 것을 유독 강조하고 그것을 타인에게 과시하려는 사람에게는 실제로 자신이 우월한지 아닌지는 문제가 되지 않습니다. 그들에게는 그저 "남보다 우월한 것처럼 보이는 것"이 중요하며 그러기 위해 끊임없이 다른 사람의 평가에 신경 쓰고 타인의 기대에 부응하려고 애씁니다.

하지만 그들이 생각하는 것만큼 그들에게 기대하고 주목하는 사람은 거의 없습니다. 그런데도 남의 시선을 의식하고 자신에 대한 이상을 높입니다. 나아가 타인이 기대하는 자신의 이미지와 현실의 자신이 너무 차이가 나면 우월해지려는 노력마저 단념하게 됩니다.

또 우월콤플렉스를 가진 사람 중에는 자신을 자랑하는 것이 아니라 타인의 가치를 깎아내림으로써 상대적으로 우위에 서려는 사람도 있습니다. 예를 들어 일과는 아무 관련이 없는 사안을 꼬투리 잡아 부당하게 부하 직원을 윽박지르는 상사가 그러합니다. 이런 상사는 일에서 자신이 우월하지 않다는 사실을 잘 알고 있으므로 부하 직원을 짓눌러서 우위에 서려고 합니다. 아들러는 그런 사람을 본래의 일터가 아니라 '전쟁터Nebenkriegsschauplatz'에서 싸우는 사람이라고 말합니다. 부하 직원을 깔아뭉개고 부하 직원이 우울해하는 모습을 보며 우월감을 느끼는데, 업무 면에서 무능력한 사람이 그렇게 한다고 보면 틀림없습니다. 아들러는 타인의 가치를 떨어뜨려서 자신이 우위에 서려고 하는 것을 '가치감소 경향'이라고 불렀습니다.

집단괴롭힘이나 차별 역시 우월콤플렉스의 특징인 가치감소경향이 있는 사람이 주로 한다고 볼 수 있습니다. 남을 괴롭히는 사람, 차별하는 사람은 강한 열등감을 갖고 있습니다. 그래서 자기보다 약한 사람을 괴롭히고 차별하여 상대적으로 우위에 서려는 것입니다. "그러지 마세요. 인간적으로 부끄러운 짓입니다. 제발 그만두세요"라고 말려봤자 문제는 해결되지 않습니다. 집단괴롭힘이나 차별을 없애려면 괴롭히는 사람, 차별하는 사람 본인이 스스로 가치가 있다고 느낄 수 있도록 곁에서 도와줘야 합니다.

솔직히 말해 우월콤플렉스·열등콤플렉스가 있는 사람은 어떤 방법을 써도 쉽게 달라지지 않습니다. 저라면 불합리한 이유로 들들 볶는 상사 때문에 고민하는 사람에게는 "위축되지 말고 평소 남들한테 하는 대로 대하세요"라고 조언하겠습니다. 상사가 하는 말이 맞았을 때는 받아들이고 틀렸다고 느낄 때는 반론하면 그만입니다. 대등한 인간으로 대하되 위축될 필요도 눈치를 볼 필요도 없습니다. 일할 때는 누가 말하는지가 아니라 무엇을 말하는지에만 주목하면 됩니다. 상사가 틀린 말을 해도 부하 직원이 아무 말을 못 하는 이유는 참여하고 있는 프로젝트가 실패했을 때 자신은 그저 상사를 따랐을 뿐이라고 말하고 싶기 때문입니다.

부하 직원이 평소 남들에게 하던 대로 상사를 대하면 상사도 달라질 것입니다. 우월콤플렉스를 가진 사람은 말하자면 늘 있는 힘껏 발돋움하고 손을 쭉 뻗은 상태입니다. 본인도 여간 힘든 게 아닐 겁니다. 그래서 부하 직원이 남들 대하듯 편하게 대하면 상사는 '이 친구 앞에서는 잘 보이려고 하지 말고 평소 하던 대로 하면 되겠구나'라고 생각하게 되고, 적어도 그 부하 직원 앞에서는 차츰 행동이 바뀔 것입니다.

자신이 얼마나 불행하고 괴로운 인생을 살아왔는지 '불행 자랑'을 하는 사람에게도 우월콤플렉스가 있습니다. 그런 사람은 "힘들었겠다"라고 동정을 표하면 공감하기는커녕 "당신처럼 운 좋은 사람이 내 마음을 알 리가 있나"라고 거부반응을 보입니다. 그러면 주변 사람은 그 사람을 종기 만지듯 조심스럽게 대할 수밖에 없습니다. 얼핏 이런 불행 자랑을 하는 사람은 자신을 비하하고 낮추는 것 같지만 실은 상대보다 우위에 서려고 하는 것입니다.

우리는 어떤 특정한 우월성의 추구에 대해 너무 성급한 판단을 내리지 않도록 조심해야 한다. 그렇지만 모든 목표에서 우리는 한 가지 공통 요소를 발견할 수 있다. 그것은 바로 신처럼 되고자 하는 추구다. 때때로 아이들이 "난 하느님처럼 될 거야"라면서 아주 공공연히 이런 식으로 표현하는 경우를 볼 수 있다. 많은 철학자도 똑같은 생각을 품어왔다. 그리고 일부 교사들은 아이들을 하느님처럼 되도록 가르치고 훈육하고 싶어 한다. 옛 종교 교리에서도 똑같은 목표가 뚜렷이 엿보인다. 신자들은 자신이 신처럼 되는 그런 방식으로 스스로를 훈련해야 한다. 이 '신과 같음' 개념은 더 평범한 형태로 '초인superman' 사상 속에서 나타난다. 광기에 사로잡혔을 때 니체는 스웨덴 작가 스트린드베리August Strindberg에게 보낸 편지에다 "십자가에 못 박힌 예수가"라고 스스로 서명했다.

흔히 미친 사람은 아주 대놓고 신처럼 우월해지려는 자신의 목표를 표출한다. 그들은 이렇게 단언한다. "난 나폴레옹이다." "난 황제다." 그들은 온 세상이 주목하는 중심이 되고자 한다. 끊임없이 대중의 이목을 끌고, 온 세상과 무선으로 접속하고 모든 대화를 듣고자 한다. 그들은 미래를 예언하고, 초자연적인 힘을 소유하고자 한다.

아마 '신과 같음'이라는 목표의 더 평범하고 타당한 표현 방식은 모든 것을 알고자 하는 욕망, 우주의 지혜를 소유하고자 하는 욕망, 우리 삶을 영구화하려는 바람일 것이다. 그것이 현세의 삶을 영원히 누리려는 것이든, 다음 생에도 또다시 사람으로 태어나려는 것이든, 내세의 영원한 삶을 염원하는 것이든 상관없이 모두 신처럼 되고자 하는 욕망에 근거한다. 종교에서 신은 불멸하는 존재, 영원히 살아 있는 존재다. 여기서 이런 발상이 옳은지 그른지 따질 생각은 없다. 그것은 인생에 대한 해석, 바로 의미이기 때문이다. 그리고 우리 모두는 어느 정도 이 의미에, '신'과 '신과 같음'에 사로잡혀 있다. 우리는 이것이 특별히 강력한 우월성의 목표임을 알고 있다.

일단 어떤 우월성의 목표가 정해지고 나면 생활양식에서는 어떤 실수도 일어나지 않는다. 모든 행위가 이 목표와 일치한다. 개인의 습관과 행동은 자신이 선언한 목표를 성취하는 일에서 한 치도 틀림이 없으며 너무나 타당해서 비난의 여지가 없다. 모든 문제아, 신경증 환자, 알코올중독자, 범죄자, 성도착자의 생활양식에는 우월한 지위를 성취하기에 적절한 행위가 고스란히 드러난다. 그들의 행위 자체를 비난하기는 불가능하다. 왜냐하면 그런 목표를 추구한다면 반드시 정확하게 그런 행위를 보여야만 하기 때문이다.

_ 『인생의 의미의 심리학』, 제3장 열등감과 우월감, '우월성의 목표'

지금의 자기 모습을
알아차리자

여기서 '왜?'는 원인이 아니라 목적입니다. 어떤 목적이 있기에 열등콤플렉스
와 우월콤플렉스에 빠지느냐는 겁니다.

．．．

여기까지 설명을 듣고 자신에게 열등콤플렉스와 우월콤
플렉스가 있다는 사실을 알게 된 사람이 많지 않습니까? 우
리는 '왜' 스스로 깨닫지 못하는 사이에 열등콤플렉스나 우월
콤플렉스에 빠지는 걸까요? 여기서 '왜?'는 원인이 아니라 목
적입니다. 어떤 목적이 있기에 열등콤플렉스와 우월콤플렉
스에 빠지느냐는 겁니다. 아들러는 이런 예를 들어 그 이유를

설명합니다.

교사인 내가 사다리를 가져오게 해서 타고 올라가 칠판 꼭대기쯤
에 자리 잡고 앉았다고 해보자. 누구나 나를 보면 "아들러 선생
님은 미쳤어"라고 생각할 것이다. (…) 단 한 가지 점에서 나는
정상이 아닌 것이다. 바로 우월성에 대한 나의 해석이라는 점에
서.(『인생의 의미의 심리학』, 제3장 열등감과 우월감, '우월성의
목표')

지식 면에서 교사가 학생보다 우월한 것은 당연합니다.
교사는 늘 지식을 구하고 그것을 어떻게 학생들에게 가르칠
지 깊이 연구해야 합니다. 물론 지식이 많다고 교사가 학생보
다 잘난 것은 아닙니다. 그런데 그렇다고 해서 칠판 꼭대기
까지 올라가 자신의 우월함을 과시할 필요가 있을까요? 그런
짓을 하지 않아도 평소에 지식과 인격을 높이려고 노력하면
학생들에게 저절로 존경받고 신뢰받을 수 있습니다. 학생들
에게 자신을 존경하라고 억지로 강요할 수도 없을 뿐더러, 칠
판 꼭대기에 올라앉아 우월함을 과시할 필요도 없는 것입니
다. 그런 짓을 하는 교사는 스스로 교사로서 유능하지 않다는
걸 알면서도(또는 그것을 인정하고 싶지 않아서) 실질적인 노력은

아무것도 하지 않으면
아무 일도 일어나지 않는다

하지 않고 물리적인 위치만 높여서 자기만족을 얻으려고 합니다. 물론 실제로 이런 짓을 하는 사람은 없겠지만, 앞에서 본 부당하게 부하 직원을 다그쳐서 우월감을 느끼려는 상사처럼 학생을 야단침으로써 학생보다 우위에 서려고 하는 교사는 이 세상에 얼마든지 있습니다.

반에서 가장 공부를 게을리하는 한 남학생에게 교사가 물었다. "넌 왜 그렇게 공부를 안 하니?" 소년은 대답했다. "공부를 안 하면 선생님이 언제나 저한테 많은 시간을 내주실 테니까요. 선생님은 수업도 방해하지 않고 공부도 알아서 척척 잘하는 착한 애들한테는 아무 신경도 안 쓰시잖아요." 이 소년의 목적이 교사의 주목을 끌고 교사를 좌지우지하려는 것인 이상, 나름 최선의 방법을 찾은 것이다. 공부 안 하는 이 아이의 버릇을 고치려고 해봤자 소용없다. 이 아이는 공부를 게을리해야 자신의 목표를 이룰 수 있기 때문이다. 이 관점에서 볼 때 소년은 완벽하게 옳다. 만일 자기 행동을 바꾼다면 이 소년은 바보일 것이다.

또 어떤 소년은 집에서 아주 반항적이었지만, 멍청해 보였다. 학교에서는 지진아였고 집에서는 전혀 똑똑하지 않았다. 이 소년에게는 두 살 위인 형이 있었는데 형은 생활양식이 완전 딴판이었다. 형은 총명하고 활달했지만, 버릇이 없어서 늘 말썽을 일으켰다. 어느 날 동생이 형에게 이런 말을 했다. "난 형처럼 버릇없는 것보다 멍청한 게 더 좋아." 이 소년의 겉으로 확연히 드러난 멍청함은 그것이 이 아이가 자신의 목표를 달성하는 방법이란 사실을 알고 나면 똑똑함의 표현으로 간주될 수도 있다. 그런 식으로 곤경에서 벗어나고자 한 것이다. 이 소년은 멍청하기 때문에 요구받는 것이 더 적었으며, 실수를 해도 욕을 먹지 않았다. 목표가 주어지자 이 아이는 멍청해지지 않기 위해 바보가 되었다!

_ 『인생의 의미의 심리학』, 제3장 열등감과 우월감, '우월성의 목표'

경쟁 상대는
다른 사람이 아니라
자기 자신이다

건전한 열등감이란 다른 사람과 비교할 때가 아니라 이상 속 자신과 비교될
때 생기는 것입니다.

⋮

마찬가지로 열등콤플렉스와 우월콤플렉스에서 벗어나기
위해서는 지금 자신이 우월성에 대해 어떻게 해석하고 있는
지 알아야 합니다. 자신은 정당한 우월성을 추구한다고 생각
하지만 실은 그렇지 않은 사례가 굉장히 많기 때문입니다.

많은 사람이 빠지기 쉬운 실수 가운데 하나는 우월성의
추구를 '경쟁'이라고 생각한다는 점입니다. 우리는 보통 경쟁

사회에서 살고 있으므로 자칫 우월성의 추구를 '타인보다 우월하려는 것' '타인을 넘어뜨려서라도 위에 서려고 하는 것'으로 이해하기 십상입니다. 비유해서 말하자면 자기만 지옥에서 빠져나오려고 거미줄에 매달려 올라가는 아쿠타가와 류노스케芥川龍之介의 소설 『거미줄蜘蛛の糸』의 주인공 칸타타와 비슷하다고 할까요? 좁은 비탈길을 오르거나 밧줄을 타고 올라가려면 누군가를 밀치고 끌어내리지 않으면 안 됩니다.

하지만 아들러가 말하는 우월성의 추구란 그런 게 아닙니다. 경쟁은 정신 건강을 해치는 가장 큰 요인입니다. 이기느냐 지느냐. 늘 이런 경쟁 속에서 사는 사람은 설령 경쟁에서 이겨도 언제 질지 모른다는 생각에 마음 편할 틈이 없습니다.

입시를 경험한 사람은 대부분 공부하기를 싫어합니다. 하지만 본래 공부란 모르는 것을 배우는 것으로 우리에게 큰 기쁨을 줍니다. 하지만 공부는 타인과의 경쟁이며 괴로워도 이를 악물고 해야 하는 것이라고 어느새 굳게 믿게 된 사람은 대학에 진학하거나 취직이 결정되어 더 이상 시험 준비를 할 필요가 없어지면 공부에서 멀어지고 맙니다. 또한 타인을 이기면 그만이라고 생각하는 사람은 이기기 위해 수단을 가리지 않고 부정행위를 저지르거나 승산이 없다 싶으면 도전 자체를 포기할지도 모릅니다.

건전한 열등감이란 다른 사람과 비교할 때가 아니라 이상 속 자신과 비교할 때 생기는 것입니다. 건전한 우월성의 추구란 아들러의 말을 다시 인용하자면, 자신에게 '마이너스'였던 것을 '플러스'가 될 수 있게 노력하는 것입니다. 병에 걸린 사람이 조금이나마 건강해지고 싶어서 섭생을 하고 재활에 힘쓰는 이유는 단지 마이너스(병에 걸린 상태)에서 플러스(건강한 상태)가 되고자 하기 위함입니다. 이렇듯 회복까지는 바라지 않아도 조금이나마 마이너스에서 플러스가 될 수 있게 노력하는 것이 건전한 우월성의 추구라고 할 수 있습니다.

우월성의 추구에서 길을 잘못 든 사람을 어떻게 하면 도울 수 있을까? 우월성의 추구가 우리 모두에게 공통된 것이라는 사실을 알아차리면 어렵지 않다. 그러면 우리는 그 사람과 같은 처지가 되어서 그 사람의 고군분투에 공감할 수 있다. 그 사람이 저지른 유일한 실수는 그 추구가 유익한 목적에 이바지하지 않는다는 것이다. 모든 인간에게 동기를 부여하고, 우리가 우리 문화에 이바지하는 모든 것의 원천이 되어주는 것이 바로 우월성의 추구다. 인간 생활 전체는 이 거대한 행동 방침을 따라, 즉 아래에서 위로, 마이너스에서 플러스로, 패배에서 승리로 나아간다. 하지만 진실로 인생의 문제와 마주하고 그것을 극복할 수 있는 유일한 사람은 자신의 추구에서 다른 모든 이들을 풍요롭게 하려는 사람, 다른 이들에게도 이익이 되는 방식으로 밀고 나아가는 그런 사람이다.

우리가 올바른 방식으로 사람들에게 다가간다면 그들을 설득하기란 어렵지 않을 것이다. 가치와 성공에 대한 인간의 모든 판단은 결국 협력에 근거한다. 이것이 인류의 위대한 보편적 진리다. 우리가 추구하는 모든 활동, 이상, 목표, 행위, 인격 특성은 인간의 협력이라는 대의명분에 이바지해야만 한다. 공동체 감각이 하나도 없는 사람은 존재하지 않는다. 신경증 환자나 범죄자도 이 공공연한 비밀을 안다. 그들이 자신의 생활양식을 정당화하기 위해 또는 다른 사람을 비난하기 위해 애쓰는 모습에서 그 사실을 능히 알 수 있다. 하지만 이들은 유익한 방식으로 사람들과 사귀며 살아갈 용기를 잃어버렸다. 열등콤플렉스는 그들에게 말한다. "협력으로 거두는 성공은 네가 할 일이 아니야." 그들은 인생의 진짜 문제를 외면한 채 자신에게 힘이 있다고 자위하며 혼자 섀도복싱을 하느라 바쁘다.

우리 인간의 분업에는 엄청나게 다양한 목표를 위한 자리가 있다. 지금까지 보아온 것처럼 아마 모든 목표는 조금씩 오류와 연루되어 있을지 모르며, 그래서 언제나 비판할 거리를 찾을 수 있을 것이다. 그러나 인간의 협력은 수많은 종류의 탁월함을 필요로 한다. 한 아이에게는 우월성이 수학 지식에, 다른 아이에게는 예술에, 또 다른 아이에게는 체력에 있는 것처럼 보일 것이다. 소화기관이 약한 아이는 자신이 마주친 문제가 주로 영양 문제라고 믿을 수 있다. 이 아이의 관심은 음식을 향할 것이다. 왜냐하면 그 길이 자기 상황을 더 좋아지게 할 수 있다고 믿으니까. 그리하여 이 아이는 마침내 요리의 달인이나 영양학 교수가 될지도 모른다. 이 모든 특별한 목표들에서 우리는 어려움에 대한 진정한 보상과 더불어 가능성의 일부 배제, 어느 정도의 자기규제 훈련을 엿볼 수 있다. 예를 들어 철학자는 생각을 하고 책을 쓰기 위해 때로 사회로부터 스스로를 격리시킨다. 그렇지만 각각의 목표에 따르는 불가피한 오류는, 우월성의 목표에 높은 사회적 관심이 함께하는 한, 하찮은 것일 뿐이다.

_ 『인생의 의미의 심리학』, 제3장 열등감과 우월감, '우월성의 목표'

용기는 겁과 마찬가지로
전염되는 것이다.
만약 우리에게 용기가 있으면
다른 사람이 용기를 낼 수 있게
지원할 수 있다.

_『아들러 강연』

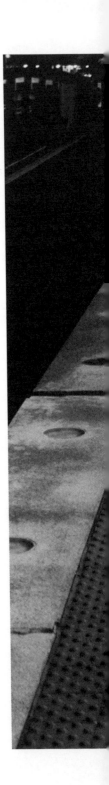

모두가 제각각
한 발 한 발 앞으로 나아간다

모든 기준은 자신입니다. 설령 누군가에게 추월당한다 한들 지금 있는 장소에서
조금이나마 앞으로 나아갈 수 있다면 건전한 우월성을 추구할 수 있습니다.

⋮

아들러가 말하는 우월성의 추구는 이렇게 다른 사람을 밀
어제치고 위로 향하는 것이 아닙니다. 아들러 자신도 "아래에
서 위로"라는 표현을 썼으므로 우월성의 추구라고 하면 위아
래를 떠올리는데 그렇지 않습니다. 평평한 지평선에 모두가
모여서 앞으로 나아가려고 하는 장면을 상상해봅시다. 자기
보다 앞에서 걸어가는 사람도 있고 뒤에서 걷는 사람도 있습

아무것도 하지 않으면
아무 일도 일어나지 않는다

니다. 그런 곳에서 저마다 한 발 한 발 앞으로 나아가는 것이 우월성의 추구입니다.

지평선을 걷는다 해도 거기에 타인이 존재하는 이상 비탈길을 오를 때와 마찬가지로 경쟁이 생기지 않을까 궁금해하는 사람도 있을 겁니다. 하지만 앞서 걸어가는 사람을 쫓아가야 한다, 뒤에서 걸어오는 사람에게 추월당해서는 안 된다고 생각할 필요는 없습니다. 누군가와 경쟁하려 하지 말고 그저 앞을 향해 착실히 한 발 앞으로 나아가자고 의식하면서 걸으면 그걸로 족합니다. 모든 기준은 자신입니다. 설령 누군가에게 추월당한다 한들 지금 있는 장소에서 조금이나마 앞으로 나아갈 수 있다면 건전한 우월성을 추구할 수 있습니다.

아들러는 인간의 고민이 전부 인간관계에서 비롯된다고 보았는데 인간관계의 중심에 '경쟁'이 있다고 하면 인간은 고민에서 벗어날 수 없습니다. 아들러는 우월성의 추구에 대해 이렇게 말했습니다.

하지만 진실로 인생의 문제와 마주하고 그것을 극복할 수 있는 유일한 사람은 우월성의 추구에서 다른 모든 이들을 풍요롭게 하려는 사람, 다른 이들에게도 이익이 되는 방식으로 밀고 나아가는

그런 사람이다.(『인생의 의미의 심리학』, 제3장 열등감과 우월감, '우월성의 목표')

여기에서 아들러가 말하는 "인생의 문제와 마주하고 그것을 극복"하는 것이 우월성 추구의 진정한 의미입니다. 그런데 문제와 맞닥뜨려 "진실로" 그것을 극복할 수 있는 사람은 오로지 자신을 위해서만 우월성을 추구하는 사람이 아닙니다. 그 사람은 '다른 모든 사람을 풍요롭게 하려는' 즉 행복하게 하려는 사람이며, '다른 사람에게도 이익을 주는(앞서 했던 말을 빌리자면 다른 사람에게도 '선'이 되는)' 방식으로 '나아가는(위아래가 아니라 '앞으로' 나아가는)' 사람입니다. 바로 앞에서 했던 공부 이야기를 예로 들자면, 공부는 자신의 흥미를 채우기 위해 하는 것도 아니고 타인보다 우월하다는 것을 과시하기 위해 하는 것도 아닙니다. 자신이 얻은 지식이 다른 사람에게도 도움이 되도록 하기 위해 하는 것입니다.

모든 학문이나 행동은 의식하지 않아도 어떤 형태로든 타인에게 공헌합니다. 누구나 타인에게 공헌할 수 있습니다. 공부(행동)할 때 타인을 의식하고 누군가에게 도움이 되고 싶다고 생각하는 것과 그렇지 않은 것은 천지 차이입니다. 공헌한다는 의식과 관점을 가지면 자연히 누군가와 경쟁하려 들지 않게 됩니다.

열등콤플렉스·우월콤플렉스가 있는 사람에게는 자기만 생각하고 산다는 문제가 있습니다. 자신을 커 보이게 하려는 사람은 타인을 의식하는 듯하지만 그저 인정받는 것이 목적이므로 다른 사람은 어떻게 되든 자신밖에 생각하지 않습니다.

자기에게만 기울이던 관심을 남에게 기울인다면, 그리고 타인을 경쟁해야 힐 '적'이 아니라 함께 협력하고 살아갈 '친구'로 생각할 수 있다면, 누군가에게 도움이 되려는 마음이 절로 생길 깃입니다. 설령 타인과의 관계에서 우위에 있어도 자기밖에 생각하지 않는 엘리트는 이 세상에 해가 되는 존재일 뿐입니다. 이렇듯 타인을 친구로 인식하는 것을 아들러는 '공동체 감각'이라고 했습니다.

오늘날 우리 제도 아래서 아이들은 일반적으로 협력보다는 경쟁에 더 잘 준비된 채 학교에 들어간다. 그리고 경쟁 훈련은 학창 시절 내내 이어진다. 이것은 아이들에게 재앙이다. 다른 아이들을 물리치고 앞지르려고 안간힘을 쓰는 건 다른 아이들보다 뒤처지고 싸움을 포기하는 것만큼이나 재앙이다. 두 경우 모두 아이들은 주로 자기 자신에게 관심을 기울인다. 주된 목적은 공헌하고 돕는 것이 아니라 자신을 위해 할 수 있는 것을 확실히 획득하는 것이다. 가족이 전체의 대등한 일부인 구성원들로 이루어진 단위여야 하듯이 교실 또한 그러해야만 한다. 이런 방식으로 훈련받으면 아이들은 실제로 서로에게 관심을 쏟고 협력을 즐긴다.

나는 '다루기 힘든' 아이들이 같은 반 친구들의 관심과 협력을 통해 태도가 완전히 바뀌는 경우를 많이 목격했다. 특히 한 아이 이야기를 하고 싶다. 온 식구가 자신을 적대시하는 가정 출신인 이 아이는 학교에서도 다들 그럴 것이라고 예상했다. 아이는 학교 성적이 늘 나빴고, 그런 이야기를 들으면 부모는 집에서 아이를 혼냈다. 이런 일이 너무 잦았다. 아이는 학교 과제를 제대로 못 해 꾸지람을 듣고, 그 사실이 집에 알려지면 다시 벌을 받았다. 그 경험은 아이를 좌절시키기에 충분했다. 이중으로 벌받는 건 잔혹했다. 당연히 이 아이는 성적이 더욱 형편없어졌고 반 분위기를 해쳤다. 그러던 중 아이는 마침내 자신을 이해해주고 자신이 어째서 모두를 적이라고 믿는지 다른 아이들에게 잘 설명해주는 한 교사를 만났다. 교사는 아이들에게 도움을 청해 그들이 적이 아니라 친구라는 확신을 이 아이에게 심어주었다. 그러자 이 아이의 모든 행동과 성적이 믿을 수 없을 정도로 좋아졌다.

어떤 사람들은 아이들이 정말 이런 식으로 서로를 이해하고

돕도록 훈련될 수 있는지 의심한다. 그러나 흔히 아이들이
이런 일을 어른들보다 더 잘 이해한다는 것이 내 경험이다.

_ 『인생의 의미의 심리학』, 제7장 학교가 미치는 영향, '교실에서 협력과 경쟁'

제3부

인간관계 전환하기

모든 고민은
인간관계에서 비롯된다

인간은 한자로 '人間'이라고 쓰는데 '사람 사이'라는 뜻입니다. 사람은 혼자서 '인간'이 될 수 없습니다.

.
.
.

이제부터는 아들러 심리학에서 '인간관계를 어떻게 보고 있는지'에 대해 이야기하겠습니다. 아들러가 "모든 고민은 인간관계에서 비롯된다"라고 말한 것처럼 상담을 받으러 오는 사람들의 고민은 대개 인간관계와 관련된 것입니다. 이는 당연하다고 할 수 있습니다. 인간은 한자로 '人間'이라고 쓰는데 '사람 사이'라는 뜻입니다. 사람은 혼자서 '인간'이 될 수 없습니다. 갓난아기가 타인의 보호 없이 살아남을 수 없듯 처음부터 우리는 타인과의 관계 속에서 살아갑니다. 만약 사람이 혼자서 산다면 거기에는 선악도 없고 말도 필요 없습니다. 조리 있게 말할 필요가 없다는 의미에서는 논리조차 필요 없게 됩니다. 하지만 누군가 한 사람이라도 타인이 존재하는 경우, 갑자기 세계는 달라집니다. 모든 것에 인간관계를 전제하지 않으면 안 되기 때문입니다.

인간관계에서 문제는 타인을 자신의 앞길을 가로막는 존재, 심지어 '적'으로 여길 수 있다는 점입니다. 부모자식 관계를 예로 들어보겠습니다. 만약 부모가 하는 말을 무조건 따르는 순종적인 아이라면 아무런 문제가 없습니다. 하지만 실제로는 부모가 "빨리 자" "더 공부해"라고 얘기해도 아이는 대개 부모가 하는 말을 듣지 않습니다. 그런 관계가 계속되면 결국은 상대방을 '적'으로 간주하게 됩니다. 이는 부모자식 관계만이 아니라 부부 관계, 친구 관계, 직장의 인간관계 전반에도 해당됩니다. 즉 타인을 적으로 인식하는 사고야말로 인간관계 고민의 원천이라고 할 수 있습니다.

고민이 있어서 상담을 받으러 오는 사람 대부분은 타인을 틈만 나면 자신을 곤경에 빠뜨리려 드는 무서운 존재로 여기고, 나아가서는 이 세계 전체를 위험한 곳으로 봅니다. 왜 그렇게 생각하게 된 것일까요? 제1부에서 원인론과 목적론에 관해 설명하며 언급했듯이, '타인과의 관계 속으로 들어가고 싶지 않다'는 목적이 있기 때문입니다. 타인과 관계를 맺으면 반드시 거기에는 마찰이 생기고, 증오하고, 미워하고, 배신당하는 일 등이 벌어집니다. 그러다 보면 그런 상처를 받는 것이 두려워서 '타인과 관계를 맺지 말자'고 결심하게 됩니다. 그리고 그렇게 생각하기 위해 타인을 적으로 간주하게 되는 것입니다.

하지만 실제로 바깥 세계에는 그들이 생각하는 것만큼 무서운 사람만 득실거리는 것도 아니고, 위험한 일만 기다리고 있는 것도 아닙니다. 인간관계는 고민의 원천이기는 하지만 살아가는 기쁨과 행복 또한 인간관계에서만 얻을 수 있습니다. 따라서 인간관계를 피하려고 하면 행복해질 수가 없습니다. 인간관계의 고민에서 벗어나고 싶다면 밖으로 나가 피할 게 아니라 타인에 대한 의미부여를 다시 해야 합니다. 타인을 '적'이 아니라 '친구'로 여겨야만 합니다. 그러면 인생은 크게 달라집니다.

모든 진정한 '인생의 의미'의 특징은 그것이 공통된 의미, 다른 사람들이 나눌 수 있고 받아들일 수 있는 의미라는 것이다. 인생 문제의 타당한 해법은 언제나 다른 사람들의 사례에 들어 있다. 왜냐하면 그 속에서 성공적으로 대처해낸 공통된 문제를 만날 수 있기 때문이다. 심지어 천재조차 가장 쓸모 있는 사람에 지나지 않는 것으로 정의될 수 있다. 즉 어떤 사람의 인생이 다른 사람에 의해 중요하다고 인식될 때만 우리는 그 사람을 천재라고 부른다. 그러한 인생에서 표현된 의미는 언제나 '인생이란 전체에 공헌한다는 뜻이다'일 것이다. 여기서 우리는 말로만 내세우는 동기에 대해 이야기하는 것이 아니다. 우리는 그런 주장은 무시하고 대신에 구체적인 성취에 주목한다. 인생 문제를 훌륭히 대처해낸 사람들은, 인생의 근본 의미는 다른 사람들에게 관심을 기울이고 협력하는 것임을 충분히 그리고 자발적으로 인식하고 있는 것처럼 행동한다. 그들이 하는 모든 행동은 동료에게 쏟는 관심에 따라 인도되는 것처럼 보이고, 어려움과 마주칠 때면 다른 사람들의 행복에 지장을 주지 않는 방식으로 그것을 극복하고자 애쓰는 것처럼 보인다.

아마 많은 이에게 이것은 새로운 견해일 것이다. 그리고 인생의 의미가 공헌, 타인에 대한 관심, 협력이라고 말하는 것이 정말로 맞는지 미심쩍어할 것이다. 그래서 이렇게 물을 지도 모른다. "그렇다면 개인은 어떻게 되는 겁니까? 늘 다른 사람을 배려하고 그들에게 관심을 쏟는다면, 분명 개인성이 훼손될 텐데요? 적어도 일부 개인의 경우 제대로 성장하려면 자기 자신을 먼저 배려할 필요가 있지 않을까요? 몇몇 개인은 무엇보다 자신의 관심사를 지키고 자신의 인격을 강화하는 법을 배워야 하지 않나요?"

이런 시각은 엄청난 오류라고, 그것이 제기하는 문제는 거짓 문제라고 나는 믿는다. 만일 인간이 인생에 부여하는 의미에서 공헌하기를 원한다면, 감정이 온통 그 목표를 향한다면, 인간은 자신이 가장 잘 공헌할 수 있는 방식으로 자연스럽게 성장할 수밖에 없을 것이다. 스스로를 그 목표에 맞출 것이고, 공동체 감각을 발달시킬 것이며, 실천을 통해 이일에 계속해서 능숙해질 것이다. 일단 목표가 정해지면 훈련이 뒤따를 것이다. 그런 다음에야 비로소 인생 문제를 해결할 채비를 하고 자신의 능력을 개발하기 시작할 것이다. 사랑과 결혼을 예로 들어보자. 만일 우리가 상대방에게 관심을 가진다면, 그 사람의 삶을 편안하고 풍요롭게 하기 위해 최선을 다할 작정이라면, 우리는 자연히 할 수 있는 한 최선을 다할 것이다. 반면에 상대방의 삶에 어떤 관심도 없

이 단절된 상태에서 자신의 인격을 발전시켜야겠다고 생각
한다면, 우리는 그저 지배하려고만 들고 불친절해지기만 할
것이다.

_ 『인생의 의미의 심리학』, 제1장 인생의 의미, '공동체 감각'

아무것도 하지 않으면
아무 일도 일어나지 않는다

'자신이 세계의
중심이다'라는 착각

광장공포증에 걸린 사람은 남들의 시선을 두려워하는 것 같지만 실은 그와는 반
내모 모두에게 주목받고 세계의 중심에 서기를 간절히 바랍니다.

∴

　타인을 적이라고 생각하는 사람은 공통적으로 '자신이 세
계의 중심이다(혹은 중심이고 싶다)'는 의식이 있습니다. 전형적
인 사례가 '광장공포증'입니다. 광장공포증이란 바깥 세계에
두려움을 느끼고 집에 틀어박혀서 밖으로 한 발자국도 나오
지 않는 신경증의 일종입니다. 광장공포증에 걸린 사람이 밖
으로 나오려 하지 않는 이유는 바깥 세계가 무서워서라기보

다 집 안에 있는 한, 가정이라는 공동체의 중심에 있을 수 있기 때문입니다. 가족 모두 자신을 배려하고 물심양면으로 봉사해주므로 집 안에만 있으면 아주 편하게 지낼 수 있습니다.

하지만 집에서 한 발자국만 바깥 세계로 나오면 모르는 사람으로 가득합니다. 그/그녀는 당연히 'one of them(많은 사람 중의 한 명)'이 됩니다. 그곳에서는 아무도 자신을 주목해주지 않습니다. 그게 겁이 나서 그/그녀는 밖으로 나오지 않고 집 안에만 있으려 합니다. 광장공포증에 걸린 사람은 남들의 시선을 두려워하는 것 같지만 실은 그와는 반대로 모두에게 주목받고 세계의 중심에 서기를 간절히 바랍니다.

인간에게는 기본 욕구의 하나로서 '소속감'이 있습니다. 소속감이란 공동체 안에서 '나는 여기에 있어서 좋다'라는, 자신에게 있을 곳이 있다고 느끼는 감정입니다. 가정이든 학교든 직장이든 어딘가 마음 편하게 있을 장소를 바라는 것은 인간에게 극히 자연스러운 욕구로서, 그것은 우리에게 행복과 살아가는 기쁨을 줍니다.

광장공포증에 걸린 사람은 얼핏 가정에 소속감이 있는 것처럼 보이지만, 그것은 타당한 의미에서 소속감이라고 할 수 없습니다. 어딘가에 소속되고 싶다는 욕구와 공동체(세계)의 중심에 있고 싶다는 욕구는 완전히 별개의 것입니다.

자신을 세계의 중심이라고 생각하는 사람은 대부분 어린 시절에 응석을 부리며 자란 경험이 있습니다. 아들러는 응석의 위험성을 다음과 같이 말했습니다.

응석받이로 자라난 아이는 자신의 바람이 곧 법이 되기를 기대하도록 길러진다. 이런 아이는 그런 대우를 받을 만한 일을 하지 않고도 특별대우를 받는다. 그리고 대개 이 특별대우를 타고난 권리로 여기고 요구하게 된다. 그 결과 주목을 한 몸에 받지 못하거나 다른 사람들이 자기 기분을 먼저 배려하지 않을 경우 너무 당황해 어쩔 줄 몰라 한다.(『인생의 의미의 심리학』, 제1장 인생의 의미, '어린 시절의 경험')

어린 시절 오냐오냐 하며 응석을 받아주는 부모 밑에서 모든 것을 받고 자란 아이는 머지않아 타인에게 받는 것을 당연시하게 되고, 타인이 자신에게 무엇을 해주는지에만 관심을 갖는 어른으로 성장합니다. 그런 사람은 자신이 바라는 것을 다른 사람이 해주면 기분 좋아하지만, 한 번이라도 그렇지 않은 현실에 직면하면 기분 나빠 하고 때로는 공격적이 됩니다.

TV나 신문 등에서 아동 학대와 아동 방기에 관한 뉴스가 빈번하게 나옵니다. 그러다 보니 오늘날 애정 결핍 가정이 상당하다고 아는 사람이 많습니다. 하지만 실제 부모 입장에서 말하자면 '애정 과다', 아이 입장에서 말하자면 '애정 기아(충분히 사랑받는데도 더 사랑받고 싶다고 생각하는 것)'가 더 많은 문제를 낳고 있습니다.

히스테리성 실어증을 앓는 서른다섯 살 난 남성이 치료를 받으러 왔다. 그는 속삭이는 것 이상으로 말을 할 수가 없었다. 이런 증상이 2년 동안 지속되고 있었다. 이 증상은 어느 날 그가 바나나 껍질을 밟고 넘어져 택시 창문에 부딪친 뒤로 시작되었다. (…)
이 환자는 목구멍 전문의에게 진찰받았지만 아무 이상이 없었다. 초기 기억에 대한 질문을 받자 그는 우리에게 이렇게 말했다. "저는 요람 속에 반듯하게 누운 채 매달려 있었어요. 고리가 빠지는 걸 본 기억이 나요. 요람이 떨어졌고 전 심하게 다쳤어요." 떨어지는 걸 좋아할 사람은 없다. 하지만 이 남성은 추락을 지나치게 강조했고 그 위험성에 집중했다. 그것이 그의 주된 관심사였다. "내가 떨어지자 문이 열리고 어머니가 달려 들어왔어요. 어머니는 공포에 질렸죠." 그는 떨어지는 것으로 어머니의 관심을 얻었다. 그런데 그

아무것도 하지 않으면
아무 일도 일어나지 않는다

기억은 한편으론 비난이기도 했다. "어머니는 저를 제대로 돌보지 않았어요." 어머니가 그런 것과 마찬가지로 택시 운전사는 잘못했고 택시 회사 또한 과실에 책임이 있었다. 운전사도 회사도 그를 충분히 신경 써주지 않았다. 이것이 응석받이 아이의 생활양식이다. 이 아이는 다른 사람들에게 책임을 전가하려고 애쓴다.

그의 다음 기억도 똑같은 이야기다. "다섯 살 때 6미터 높이에서 떨어져 무거운 널빤지 밑에 깔렸어요. 전 5, 6분 동안 말을 할 수가 없었죠." 이 남성은 말을 잃어버리는 데 아주 능숙하다. 그는 그 일에 잘 훈련되어 있으며, 추락 또는 넘어짐을 말을 거부하는 이유로 삼는다. 우리가 보기에는 타당한 이유가 아니지만 그는 그런 식으로 여기는 듯하다. 그는 이 방법에 이미 경험이 있고, 이제 떨어지기만 하면 또는 넘어지기만 하면 자동으로 말을 할 수 없게 된다. 그렇게 하는 건 잘못이며 추락과 실어증은 아무 관련이 없다는 사실을 이해해야만 그는 치료될 수 있다. 특히 사고 후 2년 동안이나 계속 속삭이고 있을 필요가 없다는 사실을 알아야만.

그렇지만 그는 이 기억에서 자신이 왜 그런 사실을 이해하기 힘든지를 보여준다. 그는 이야기를 계속했다. "어머니가 달려 나왔어요. 엄청 놀란 표정이었어요."두 추락 사건 모두 어머니를 겁에 질리게 했고, 어머니의 관심이 그에게 집중되게 만들었다. 그는 애정을 한 몸에 받고 싶어 하는 아이, 관심의 중심이 되고 싶어 하는 아이였다. 우리는 그가 자신의 불행을 어떻게 보상받고 싶어 하는지 이해할 수 있었다. 다른 응석받이 아이들도 비슷한 상황이라면 똑같이 행동할 수 있다. 하지만 언어장애를 방책으로 생각해내지는 않을 것이다. 그것은 우리 남성 환자의 트레이드마크다. 그것은 그가 자신의 경험으로 빚어낸 생활양식의 일부다.

_『인생의 의미의 심리학』, 제4장 초기 기억, '초기 기억 분석하기'

아무것도 하지 않으면
아무 일도 일어나지 않는다

주목받고 싶은
아이

부모는 아이에게 이불에 오줌을 싸지 않아도 어머니 아버지가 자신을 지켜보고 있다는 사실을 알려줄 필요가 있습니다

.
.
.

아들러는 야뇨증을 아이가 부모에게 응석 부리려는 의사 표시로 보고 다음과 같이 말했습니다.

야뇨는 몇 가지 목적에 도움된다. 주목을 끌 수 있고, 다른 사람을 마음대로 부릴 수 있고, 낮뿐 아니라 밤에도 주목받을 수 있다.(『인생의 의미의 심리학』, 제2장 마음과 몸, '마음과 몸의 상호작용')

아이가 야뇨증에 걸려 상담을 받으러 오면 저는 부모에게 이렇게 조언합니다.

"이제부터 야뇨에 관한 이야기는 그만하세요. '자기 전에 차가운 음료수 먹지 마'라든지 오줌을 싸지 않은 다음 날 아침에 '오늘은 오줌 안 싸서 다행이야'라는 등 야뇨와 관련된 대화는 앞으로 일절 하지 마세요."

이렇게 조언하는 이유는 부모가 아이의 야뇨에 주목하지 않기를 바라기 때문입니다. 대신에 부모는 아이에게 빨랫감을 세탁기 옆 빨래통에 넣어두라고 말합니다. 아이 옷이 빨래통에 들어 있으면 세탁합니다. 오줌을 싸서 젖은 옷이든 시트든 아이가 빨래통 안에 넣으면 빨고 그러지 않으면 빨지 않습니다. 야뇨에 대한 책임을 지는 한, 밤중에 오줌 쌀 권리를 아이에게 오롯이 인정하는 것입니다.

저는 아이를 어린이집에 보냈다 데려오는 일을 오래하며 같은 처지에 있는 어머니들을 대상으로 아이에 대한 상담을 해주었습니다. 어느 날, 만 세 살짜리 아이가 입이 짧아서 고민인데 어떻게 하면 좋겠느냐는 한 어머니의 문의를 받았습니다. 사정을 들어보니 그 어머니는 조금이라도 아이에게 밥을 먹이고 싶어서 사과를 토끼 모양으로 깎거나 식단을 소풍

도시락처럼 꾸미는 등 여러 가지 방도를 궁리한다고 했습니다. 그 말을 듣고 저는 이렇게 조언했습니다.

"더는 아이만 특별취급하지 마세요. 가족이 함께 먹을 음식을 커다란 그릇에 담아 내놓고 직접 덜어 먹게 하세요. 만약 아이가 다 먹지도 못하면서 음식 욕심만 부리면(잘 안 먹으려 드니 그런 걱정은 필요 없겠지만) 주의를 줘야겠지만 그러시 않으면 아이가 얼마나 먹는가에 대해서는 아예 주목하지 마세요."

주목하지 말라기보다는 큰 그릇에 담아 내놓음으로써 아이가 얼마나 먹는지 마음 쓰지 말고, 아예 신경을 끊으라고 조언한 것입니다. 그 어머니는 이 조언을 충실히 시켰고 일주일쯤 지나자 아이는 밥을 잘 먹게 되었다고 합니다.

아이들은 관심 끄는 방법을 찾아내는 일에서 금방 전문가가 된다. 예를 들어 응석받이 아이는 흔히 어두운 데 혼자 있는 걸 무서워한다. 이 아이가 두려워하는 건 어둠 자체가 아니다. 어머니를 자기 곁에 더 가까이 오게 만드는 수단으로 두려움을 이용하는 것이다. 한 응석받이 남자아이는 캄캄하면 늘 울었다. 어느 날 저녁, 아이의 울음소리를 듣고 어머니가 와서 물었다. "무엇 때문에 무서워하는 거니?" 아이가 대답했다. "너무 캄캄해." 하지만 이 어머니는 아이가 그런 행동을 하는 목적을 이미 알고 있었다. 어머니가 말했다. "그럼 내가 오면 덜 캄캄해지니?" 어둠 자체는 중요하지 않다. 아이가 어둠을 무서워하는 건 어머니와 떨어지길 싫어한다는 의미일 뿐이다. 이 아이의 모든 감정, 모든 힘, 모든 정신력은 어머니가 다시 자기한테 와서 옆에 있어야 하는 상황을 설정하는 데 온통 매달린다. 아이는 울고, 소리치고, 잠을 못 이루고, 다른 사람들을 성가시게 함으로써 어머니가 자기 곁에 오도록 만들려고 애쓴다.

오랫동안 교육자와 심리학자의 관심을 끌어온 한 가지 감정이 바로 두려움이다. 개인심리학에서는 더 이상 두려움의 원인을 찾고자 하지 않는다. 대신에 두려움의 목적을 밝히는 데 주력한다. 모든 응석받이 아이들이 두려움에 시달린다. 이 아이들은 두려움을 통해 관심을 끌 수 있다. 그리고 이 감정을 생활양식으로 삼는다.

_ 『인생의 의미의 심리학』, 제6장 가족이 미치는 영향, '주의와 무시'

아이가 오줌을 싸거나 밥을 잘 안 먹어도 부모가 더 이상 주목하지 않으면 아이의 의식에 변화가 생깁니다. "오줌 싸지 마"라든지 "더 먹어"라고 잔소리를 듣는 한, 아이는 자신이 부모에게 주목받는다는 사실을 깨닫고 '나는 세계(가정)의

아무것도 하지 않으면
아무 일도 일어나지 않는다

중심이다'라고 느낍니다. 그런데 아무 말도 듣지 못하면 상황은 백팔십 도 달라집니다. 자신이 세계의 중심이 아니라고 느낀 아이는 어찌할 바를 모릅니다. 하지만 밥을 안 먹으면 배가 고프고 젖은 시트를 그대로 두면 다음 날도 축축한 이불에서 자야 합니다.

단, 이런 대응이 통하지 않을 때가 있습니다. 두 가지 문제인데 하나는 부모가 평정심을 잃는 경우입니다. 예를 들어 젖은 옷이 빨래통 안에 들어 있지 않아도 개의치 않겠다고 하지만 젖은 시트와 잠옷이 그대로 있으면 안절부절못합니다. '주목하지 말아야 해'라고 의식하면 도리어 아이의 야뇨증에 더 주목하게 됩니다. 밥을 잘 안 먹는 경우도 마찬가지입니다.

또 하나는 오줌 싸기와 밥 안 먹기로 부모의 주목을 끌지 못한다는 사실을 깨달은 아이가 다른 수단을 찾아내는 경우입니다. 부모가 신경 쓰지 않으면 축축한 잠자리에 자기 싫어서 오줌을 싸지 않고 배가 고파서 밥을 먹을지도 모릅니다. 하지만 이런 대응만으로는 오히려 사태가 악화되어 더 못된 행동을 일으킬 수도 있습니다. 이제까지는 밤중에 오줌을 싸면 부모에게 주목받았는데 이제는 그렇게 해도 주목받지 못하고 나아가 부모를 지배하지 못한다는 사실을 안 아이는 뭔가 다른 계략을 꾸밀지도 모릅니다. 아들러는 신경증 환자에 대해 그 증상의 목적(이불에 오줌 쌀 때와 마찬가지로 주목받고 타인을 지배하는 것)이 같은 이상 증상은 멈추지 않으며, 설령 한 가지 증상이 없어져도 "조금도 주저하지 않고 새로운 증상을 익힌다"(『인생의 의미의 심리학』)라고 말합니다.

부모는 아이에게 이불에 오줌을 싸지 않아도 어머니 아버지가 자신을 지켜보고 있다는 사실을 알려줄 필요가 있습니다. 그러기 위해서는 먼저 부모가 야뇨에 주목하지 않아야 하지만, 그게 전부는 아닙니다. 그럼 어떻게 하면 좋을까요? 거기에 대해서는 뒤에서 더 자세히 살펴보도록 하겠습니다.

관심을 끌기 위한 속임수의 레퍼토리는 무척 다양하다. 어떤 아이들은 잠옷이 불편하다고 하거나 물을 자꾸 찾는다. 또 어떤 아이들은 도둑이나 괴물을 무서워한다. 또 다른 아이들은 부모가 곁에 없으면 잠을 못 잔다. 꿈을 꾸거나, 침대에서 떨어지거나, 침대에 오줌을 싸는 아이도 있다. 내가 치료한 한 응석받이 여자아이는 밤에 전혀 아무 문제도 없어 보였다. 이 아이의 어머니는 아이가 꿈도 안 꾸고 중간에 깨는 일도 없이 잘 잔다며 아무 문제도 일으키지 않는다고 말했다. 단 낮에만 말썽을 피운다고 했다. 이 이야기를 듣고

아무것도 하지 않으면
아무 일도 일어나지 않는다

나는 깜짝 놀랐다. 그래서 어머니의 관심을 끌고 어머니를 더 가까이 둘 수 있는 온갖 속임수의 예를 들어보였다. 하지만 아이는 그중 어떤 것도 사용하지 않았다. 그러다 마침내 한 가지 답이 떠올랐다.

나는 아이 어머니에게 물었다. "얘는 어디서 자나요?" 그 어머니가 대답했다. "제 침대에서요."

병도 응석받이 아이에게는 흔히 도피처가 된다. 아프면 어느 때보다 더 응석을 잘 받아주기 때문이다. 그런 아이는 병이 낫자마자 문제아가 될 가능성이 농후하다. 얼핏 보기에는 병이 아이를 문제아로 만든 것처럼 보인다. 하지만 사실은 병이 나았을 때 자신이 아플 동안 다른 사람들이 보여준 호들갑을 아이는 기억하고 있다. 이젠 응석을 부려도 어머니가 더 이상 받아주지 않는다. 그러자 아이는 문제아가 됨으로써 어머니에게 복수한다. 때때로 아이들은 다른 사람이 병났을 때 어떻게 해서 관심의 중심이 되는지를 알고 나면 일부러 병에 걸리고 싶어 한다. 그래서 심지어 자신에게 병이 옮도록 아픈 아이와 뽀뽀를 하기까지 한다.

_『인생의 의미의 심리학』, 제6장 가족이 미치는 영향, '주의와 무시'

과학의 진보는 자신들이 무지하다는 것과,
장래를 위해 대비해야 한다는 것을
사람들이 의식할 때만 가능하다.
즉 그것은 인간이 자신들의 운명을 개척하
고, 우주 만물에 대해 더 많은 것을 배워서
그것을 더 잘 다루려고 노력해온 산물이다.

_『인생의 의미의 심리학』

타인의 인정은
필요한가

삶이란 '기브 앤드 테이크'가 아닙니다. 인정 욕구가 있는 사람은 '테이크'를
기본으로 생각하지만 산다는 것은 '기브 앤드 기브'입니다.

⋮

어린 시절에 응석받이로 키워져 자신이 세계의 중심이라
고 생각하고 자란 사람에게는 '인정 욕구'가 있을지 모릅니
다. 인정 욕구가 있으면 여러 가지 문제가 생깁니다. 타인에
게 칭찬받거나 주목받지 못할 때 '왜 나는 인정받지 못하지?'
라고 분개하거나 '기껏 했는데 아무도 칭찬해주지 않다니 다
시는 안 해!'라고 생각하게 됩니다.

아무것도 하지 않으면
아무 일도 일어나지 않는다

인정 욕구가 생긴 이유에는 응석받이로 자란 것과 더불어 상벌 교육의 영향이 있다고 저는 생각합니다. 그렇게 자란 아이는 칭찬받지 못한다는(인정받지 못한다는) 걸 알면 적절한 행동인 줄 알면서도 하지 않습니다.

예를 들어 학교 복도에 쓰레기가 떨어졌다고 해봅시다. 쓰레기를 보면 주워서 쓰레기통에 버리려고 하는 것이 자연스러운 행동일 겁니다. 하지만 상벌 교육을 받아서 인정 욕구가 생긴 아이는 주변을 둘러보고 누가 있으면 쓰레기를 줍지만 아무도 없으면 그것이 적절한 행동이 아니라는 걸 알면서도 쓰레기를 주우려 하지 않습니다. 쓰레기를 주웠는데 아무도 칭찬해주지 않으면 줍지 않아도 된다고 생각하는 것입니다. 요컨대 타인에게 주목받는 것이 목적인 사람은 누군가에게 칭찬받기 위해 행동합니다.

그러나 이렇게 타인에게 칭찬받고 인정받기를 원하는 사람은 많지만, 인정받지 않아도 뭔가를 하지 않으면 안 되는 순간 역시 인생에 산재해 있습니다.

수년 전 저희 아버지가 세상을 떠났습니다. 말년에 아버지는 치매에 걸렸는데 제가 아버지 간병을 맡았습니다. 인정 욕구가 있는 사람에게 간병만큼 고통스러운 일은 없습니다.

환자에게 '고맙다'는 인사를 기대할 수 없기 때문입니다. 이는 육아도 마찬가지입니다. 아이가 부모에게 '고맙다'는 인사를 하리라곤 기대할 수 없으니까요.

그럼 어떻게 해야 할까요? 간병이든 육아든 '고맙다'는 인사를 기대하지 않으면 됩니다. 감사 인사를 받든 받지 않든 상대방에게 공헌할 수 있다고 느끼면 그것으로 족합니다. 오늘 하루도 부모님이나 아이와 함께 보낼 수 있다는 것에 감사하면 그것으로 충분히 만족할 수 있습니다. 오히려 부모님과 아이에게 '고맙다'는 인사를 받지 못해 불만을 느낀다면 그게 더 이상합니다.

많은 사람이 '내가 당신에게 이런 일을 해줬으니 당신도 내게 뭔가를 해줘야 한다'라고 생각합니다. 하지만 삶이란 '기브 앤드 테이크give and take'가 아닙니다. 인정 욕구가 있는 사람은 '테이크(받는다)'를 기본으로 생각하지만 산다는 것은 '기브 앤드 기브give and give'입니다. 실제로 이렇게 생각하고 행동하기 어려운 사람도 있겠지만, 공헌감을 느끼면 인정 욕구는 저절로 사라집니다.

아무것도 하지 않으면
아무 일도 일어나지 않는다

인정 욕구에서 벗어나는 세 가지 방법

자신이 타인의 기대를 충족시키기 위해 살지 않는다면 같은 권리를 타인에게도 인정해야 합니다. 타인 또한 나 자신이 기대를 채워주기 위해 사는 것이 아닙니다.

⋮

방금 했던 이야기에 이어서 '인정 욕구'와 '자신이 세계의 중심이다'라는 의식에서 벗어나기 위한 세 가지 방법을 소개하겠습니다.

첫 번째 방법은 타인에게 관심 기울이기입니다. 자기밖에 모르는 사람은 타인이 뭘 하든 관심이 없습니다. 그래서 만약 자신이라면 이러저러하게 할 거라는 다른 사람의 말이나 행동을 듣거나 봐도 제대로 이해하지 못합니다. 그저 거기에 자기 생각만 고집스레 반영할 뿐입니다.

따라서 '다른 사람의 눈으로 보고 다른 사람의 귀로 듣고 다른 사람의 마음으로 느끼려고' 노력하지 않으면 안 됩니다. 물론 실제로 보는 행위를 예로 들자면 사람은 어디까지나 자신의 눈으로 볼 수밖에 없지만, 가능한 한 상대방 처지에 서서 상대방 시점에서 봐야 상대방이 하는 말이나 행동을 이해할 수 있습니다. 아들러는 이 '다른 사람의 눈으로 보고 다른 사람의 귀로 듣고 다른 사람의 마음으로 느끼기'가 '공동체 감각'의 정의 중 하나라고 생각했습니다.

두 번째는 타인이 자신의 기대를 만족시키기 위해 사는 존재가 아님을 깨닫기입니다. 물론 자신도 다른 사람의 기대를 만족시키기 위해 사는 존재가 아닙니다. 남들이 안 좋게 볼까 봐 두려워서 그들의 기대를 만족시키려는 사람은 자기 인생이 아니라 다른 사람 인생을 사는 것입니다. 자기 인생을 살려고 하면 반드시 타인과 마찰을 빚기 마련입니다. 자신을 싫어하는 사람도 생깁니다. 하지만 자기 인생을 살기로 결심하면 타인에게 인정받으려는 욕구가 사라질 것입니다. 그러면 다른 사람에게 인정받을 필요가 없어지며, 결국 타인의 인정에 의존하는 삶을 살지 않아도 됩니다.

한편 이처럼 자신이 타인의 기대를 충족시키기 위해 살지 않는다면 같은 권리를 타인에게도 인정해야 합니다. 타인 또한 나 자신의 기대를 채워주기 위해 사는 것이 아닙니다. 그렇게 생각하면 다른 사람이 내 생각대로 행동하지 않는다고 해서 불쾌해하거나 화를 낼 필요는 없을 것입니다.

과제의 분리:
이것은 누구의 과제인가

어떤 일의 최종 결말이 누구에게 영향을 미치는가, 최종적으로 그 책임을 누가 져야 하는가를 생각해보면 그 일이 누구의 과제인지 알 수 있습니다.

⋮

세 번째 방법은 '과제의 분리'입니다. 이것은 아들러 심리학을 이해하는 중요한 키워드 중 하나입니다.

저는 아이가 공부를 안 해서 고민이라며 상담을 요청하는 부모들을 자주 접합니다. 그럴 때 공부를 하거나 하지 않는 것은 누구의 과제인가를 가장 먼저 생각해보라고 합니다. 즉 공부하지 않으면 곤란해지는 것은 누구인가, 공부하지 않았

아무것도 하지 않으면
아무 일도 일어나지 않는다

을 때 그 책임을 최종적으로 받아들여야 하는 것은 누구인가를 생각해보면 답은 명백합니다. 공부는 부모가 아니라 아이의 과제입니다. 공부를 하지 않아서 진학이나 취직에 어려움을 겪어도 곤란한 것은 부모가 아닙니다.

인간관계에서 문제는 다른 사람의 과제에 함부로 개입해 들어감으로써 일어납니다. 따라서 부모는 아이에게 "공부해"라고 말해서는 안 됩니다. 공부는 애초에 아이의 과제이니 그런 밀을 할 이유도 없습니다. 한동안 공부에 관한 화제는 꺼내지 말고 상황을 지켜보기를 권합니다.

여태까지 "공부해"라고 말해도 듣지 않았으니 사실상 아이가 거기서 더 손해 보는 일은 없습니다. 쉽게 상상할 수 있듯이 부모가 공부하라고 닦달하지 않으면 더 공부를 안 할 겁니다. 실제로 일주일 뒤 상태가 어떤지 물어보면 "역시나 공부를 안 합니다"라고 부모는 대답합니다. 그리고 공부를 안해서 난감하다고 하는데, 그럴 때 전 난감한 건 아이지 부모가 아님을 확인시켜줍니다. 아이가 진심으로 자신에게 공부가 필요하다고 생각한다면 부모가 말하지 않아도 스스로 알아서 공부할 겁니다. 아들러는 타인의 과제에 함부로 개입할 수 없다는 이 이론에 대해 이렇게 말했습니다.

"비가 내린다고 해봅시다. 당신은 뭘 할 수 있을까요? 우산을 쓰거나 택시를 탈 수는 있겠죠. 하지만 비와 맞서 싸우거나 비를 이기려 드는 건 아무 쓸모없는 짓입니다. 지금 당신은 비에 맞서 싸우느라 시간을 허비하고 있습니다. 당신은 그것이 당신의 힘을 보여주는 거라고, 비를 이기는 거라고 믿지요. 하지만 실은 당신은 다른 어느 누구보다 당신 자신을 해치는 짓을 하고 있어요."(『인생의 의미의 심리학』, 제4장 초기 기억, '초기 기억의 분석')

인간은 자연현상인 비를 도구(우산과 택시)를 써서 피할 수 있지만 비 자체를 멈추게 할 수는 없습니다. 여기서 아들러가 말하는 '비에 맞서 싸우는' 것은 감정과 힘으로 타인을 지배하려는 행위를 가리킵니다. 공부하고 싶지 않다는 아이의 의지를 부모는 감정과 힘으로 지배해서는 안 되며, 지배할 수도 없습니다.

아이가 등교 거부를 해서 '어떻게든 학교에 보내고 싶은' 부모 역시 여기에 해당합니다. 학교에 가느냐 마느냐는 아이의 과제입니다. 부모가 억지로 아이를 학교에 가게 할 수 없습니다. 부모는 아이가 학교에 가지 않거나 공부를 하지 않으면 조바심을 내고 불안해하지만 그 조바심과 불안을 어떻게 마주할 것인가는 아이의 과제가 아니라 부모의 과제입니다.

아무것도 하지 않으면
아무 일도 일어나지 않는다

아이가 부모 말을 듣고 학교에 나가거나 공부를 하면 부모의 조바심도 해소될 겁니다. 하지만 부모가 아이에게 자신의 과제를 강요할 수는, 다시 말해 네가 공부하지 않으면 조바심이 나니 공부하라고 말할 수는 없는 것입니다. 아이는 부모의 과제를 해결해야 할 이유가 없습니다. 그건 부모 스스로 해결할 수밖에 없습니다. 비를 멈추게 할 수는 없어도 우산을 쓰거나 택시를 타면 비를 피할 수 있습니다. 마찬가지로 저는 부모에게 다른 일이나 취미에 힘을 쏟으라고 조언합니다.

지금까지 과제의 분리에 대해 설명한 이유는 인성 욕구니 자신이 세계의 중심이라는 의식에서 어떻게 하면 벗어날 수 있을지 알려주기 위해서입니다. 다른 사람이 자신을 어떻게 볼 것인가는 다른 사람의 과제입니다. 이 경우 다른 사람의 과제에 개입할 수 없다 함은 다른 사람이 자신에 대해 내린 평가를 어떻게 할 방법이 없다는 뜻입니다. 나아가서는 다른 사람에게 자신의 말과 행동을 인정받고 싶다 해도, 마치 아이에게 공부하기를 바라는 부모가 그러하듯이, 그것을 다른 사람에게 요구할 수 없다는 뜻입니다. 앞에서 했던 말을 다시 하자면 다른 사람은 자신의 기대를 충족시키기 위해 사는 존재가 아닙니다.

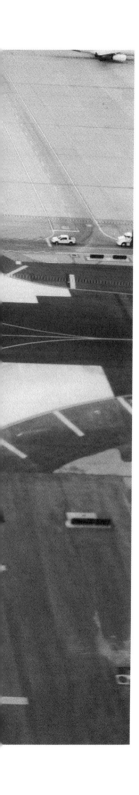

나는 협력을 최종 목표라 인정하는
모든 인간의 노력에 찬동한다.
서로 싸우고, 평가하고,
과소평가할 필요 없다.
우리는 누구나 절대적인 진리를
알지 못하며
협력이란 최종 목표로 가는 길은
무수히 많다.

_『인생의 의미의 심리학』

타인과 협력해야
해낼 수 있는 과제도 있다

도저히 혼자 해결할 수 없는 과제는 누군가에게 협력을 요청합니다. 거꾸로
누군가가 도와달라고 할 때는 최대한 협력하면 됩니다. 이것을 아들러 심리학
에서는 '공동 과제로 삼기'라고 말합니다.

．
．
．

'인생의 과제는 자기 스스로 해결할 수밖에 없다.' 이 사
실은 여태까지 설명한 내용으로 잘 이해했으리라 생각합니
다. 그런데 타인과 서로 협력하지 않으면 해낼 수 없는 과제
도 있습니다.

과제의 분리는 인간관계의 최종 목표가 아닙니다. 그래서
타인과의 협력이 필요합니다. 단 그러한 경우에도 '과제의 분

아무것도 하지 않으면
아무 일도 일어나지 않는다

리'가 전제되어야 합니다. 현재는 실이 엉킨 상태여서 누구의 과제인지 알지 못하는 상황입니다. 따라서 '이것은 내 과제, 저것은 당신 과제'라고 먼저 엉킨 실타래를 푸는 작업을 해서 무엇이 누구의 과제인지를 분명하게 밝혀야 합니다. 그러고 나서 도저히 혼자 해결할 수 없는 과제는 누군가에게 협력을 요청합니다. 거꾸로 누군가가 도와달라고 할 때는 최대한 협력하면 됩니다. 이것을 아들러 심리학에서는 '공동 과제로 삼기'라고 말합니다.

그러면 공동 과제로는 어떤 사례를 생각할 수 있을까요? 회사의 상사와 부하 직원 관계에서는 공동 과제로 삼아야 하는 일들이 많습니다. 부하 직원이 맡은 일을 해내지 못할 경우, 과제의 분리라는 관점에서 말하면 그것은 부하 직원의 과제지만 한편으로 상사의 과제도 됩니다. 상사가 잘 지도하면 부하 직원은 딱 부러지게 일을 해내겠지만 반대로 부하 직원이 실패하면 그 책임은 상사에게도 있습니다.

학교교육 현장도 마찬가지입니다. 공부하는 것은 아이의 과제라서 부모는 거기에 개입할 필요가 없습니다. 하지만 교사라면 학생의 성적이 안 좋을 경우, 자신이 잘못 가르치는지는 문제 삼지 않고, 학생의 과제라며 나 몰라라 해서는 안 됩니다. 교사가 잘 가르치지 못한다면 이는 교사의 과제이므로, 교사는 부모에게 "아이가 수업을 따라오지 못하니 학원에 보내세요"라고 말할 수는 없습니다.

공동 과제로 삼기 위해서는 상대가 학생이라면 최근의 성적에 관해 할 말이 있다고 얘기하고 부하 직원이라면 최근의 일하는 태도에 대해 의논할 게 있다고 말을 꺼내봅시다. 아무일 없으면 교사와 상사가 이런 이야기를 할 리가 없으므로 이야기의 내용을 예견하고 마음의 준비를 할지도 모르지만, 공동 과제로 삼기 위한 이런 절차를 밟지 않으면 이야기는 진전되지 않습니다. 만약 말하고 싶지 않다고 하면 조용히 지켜보는 수밖에 없습니다. 하지만 사태가 긴박해서 실패로 끝날 게 자명하다면 결과가 나오기 전에 대처할 필요가 있습니다. 그러기 위해서는 "지금 이대로 가면 어떻게 될 것 같아?"라고 말을 꺼내야 하는데, 이렇게 말하면 도전, 위협, 또는 빈정거림으로 받아들이기 십상입니다. 그렇게 느끼지 않도록 평소에 돈독한 관계를 맺어둘 필요가 있습니다. 그러기 위해서라도 누구의 과제인지 분명히 인식하고 그러고 나서 공동 과제로 삼는 절차를 밟아야 합니다.

상사와 교사 또는 부모와 같이 도움을 주는 입장에서 먼저 '이것을 공동 과제로 하자'고 말을 꺼내는 것은 그리 권하고 싶지 않습니다. 자신이 공동 과제로 삼을 수 있다고 말하면 무엇이든 그렇게 할 수 있다고 생각하는 사람이 많습니다. 하지만 거기에는 도우려는 생각보다는 부하 직원, 학생, 아이를 자신의 뜻대로 조작하고 지배하려는 의도가 깔려 있습니다. 그들의 과제에 억지로 개입하지 말고 아이, 학생, 부하 식원이 공동 과제로 하면 좋겠다고 제안하는 경우에만 차분히 서로 대화를 나누고 협력하는 것이 이상적입니다.

제4부

자신과 타인에게
용기 불어넣기

공동체 감각이란
무엇인가

살아가는 기쁨과 행복은 타인과 나누는 관계에서만 얻을 수 있습니다.

⋮

이제 끝으로 『인생의 의미의 심리학』의 핵심 주제인 '공동체 감각'에 대해 설명해보겠습니다.

우리 주위에는 타인이 있다. 그리고 우리는 타인과 관계를 맺고 살아간다. 인간은 개인으로서는 나약하고 한계가 있으므로 혼자서는 자신의 목표를 달성할 수 없다. 만약 혼자 살면서 홀로 문제에 대처하려고 하면 멸종하고 말 것이다. 자신의 생명은 물론이고 인류의 생명도 유지할 수 없을 것이다. 이러한 나약함, 결점, 한계 때문에 인간은 늘 타인과 관계를 맺는 것이다. 개인의 행복과 인류의 행복에 가장 큰 공헌을 하는 것은 공동체 감각이다.(『인생의 의미의 심리학』, 제1장 인생의 의미, '인생의 세 가지 과제')

여기에서 '타인과 관계 맺기'가 바로 아들러가 말하는 '공동체 감각'의 의미입니다. 공동체 감각을 나타내는 말이 독일어에는 몇 가지가 있는데 미트멘슐리히카이트Mitmenschlichkeit가 그중 하나입니다. 사람들Menschen이 서로 관계를 맺는다mit는 의미입니다. 그리고 아들러가 말하는 '친구'는 원어로 미트멘셴Mitmenschen이라고 합니다. 이미 살펴본 바와 같이 타인을 친구라고 생각하는 사람은 친구인 타인에게 공헌하고 공헌감을 느낌으로써 스스로 가치 있다고 여길 수 있습니다. 그러면 인간관계 속으로 들어갈 용기를 낼 수 있습니다. 살아가는 기쁨과 행복은 타인과 나누는 관계에서만 얻을 수 있습니다. 아들러는 이를 "개인의 행복과 인류의 행복에 가장 큰 공헌을 하는 것은 공동체 감각이다"라고 설명합니다.

하지만 모든 인간이 그렇게 생각하며 사는 것은 아닙니다. 공동체 감각이 결여된 사람 중에는 다른 사람을 넘어뜨리면서까지 출세하기를 바라거나, 자신을 더욱더 크게 보이려 하거나, 타인을 지배하려는 사람도 있습니다. 전쟁을 비롯한 이 세상 모든 다툼이 공동체 감각의 결여 때문에 일어난다고 해도 과언이 아닙니다. 타인을 친구라고 생각하는 사람은 타인과 경쟁하지 않고 협력하며, 완력을 써서 문제를 값싸게 해결하지 않고 대화를 통해 해결하고자 합니다. 국가 간 관계에서도 어떤 문제가 일어났을 때 전쟁을 일으키려 하기보다 외교를 통해 해결하려고 시도할 것입니다. 아들러는 공동체 감각이 결여된 사람이 가진 잘못된 생각에 대해 다음과 같이 말합니다.

이들이 인생에 부여하는 의미는 사적인 의미다. 즉 이들이 이룩한 성취로 다른 사람들은 아무런 이익을 누리지 못한다. 이들이 목표로 하는 성공은 그저 허구의 개인적 우월성일 뿐이며, 이들의 승리는 자신에게만 의미를 갖는다.(『인생의 의미의 심리학』, 제1장 인생의 의미, '공동체 감각')

공동체 감각이 결여된 사람은 인생에 '사적인 의미부여'를 하기 때문에, 자기 외에는 관심이 없고 자신에게 이익이 되는 것만을 목적으로 살아갑니다. 하지만 인간은 혼자서는 살아갈 수 없는 존재, 반드시 타인과 공생해야 하는 존재입니다. 따라서 타인에게도 관심을 기울이지 않으면 안 됩니다. 우월콤플렉스가 있는 사람이나 반대로 열등콤플렉스가 있는 사람이나 모두 오직 '개인적' 우월성만을 추구합니다. 그러다 보니 타인에게 공헌하느냐 아니냐는 그들에게 문제가 되지 않습니다. 그들이 추구하는 우월성이란 경쟁이 전제라서 '승리' 또한 자신에게만 의미를 갖습니다.

앞에서 공동체 감각을 미트멘슐리히카이트라 한다고 설명했는데 게마인샤프츠게퓔Gemeinschaftsgefühl 또한 공동체 감각을 가리키는 말입니다. 게마인샤프트Gemeinschaft는 '공동체'란 뜻으로 가족, 학교, 직장, 지역사회, 국가 같은 가까운 조직과 집단만을 가리키는 것은 아닙니다. 아들러가 말하는 공동체란 '현실 사회'에만 그치지 않습니다. 『인간이해Menschenkenntnis』에서 아들러는 공동체를 다음과 같이 정의합니다.

(공동체 감각에서 공동체란) 당장 자신이 소속된 가족, 학교, 직장, 사회, 국가, 인류 전부이자 과거, 현재, 미래의 모든 인류, 나아가서는 살아 있는 것과 살아 있지 않은 것까지 포함한 우주 전체를 가리킨다.

이러한 정의를 통해 공동체 감각에서 '공동체'란 '기존 사회가 아니라 도달할 수 없는 이상'이며 '이상으로서의 공동체'를 상정한 것임을 알 수 있습니다.

인생의 의미는 전체에 대한 공헌이다.

인생의 의미는 공헌, 타인에 대한 관심, 협력이다.

여기서 아들러가 말하는 "전체"는 '공동체'를 가리킵니다. 만약 이것이 기존 공동체라면 전체주의가 됩니다. 앞에서 소속감이 인간의 기본 욕구라고 말했습니다. 즉 "전체의 일부로서 살고 싶다"(『아이의 교육』)고 바라기 때문에 타인에게 공헌하고 싶어 하는 것입니다. 전체주의란 말에서 나쁜 이미지가 연상되는 이유는, 사사로운 이익밖에 생각하지 않는 일당이나 일파가 전체의 이익을 추구하는 척하면서 전체를 지배한 사례가 역사상 여러 차례 있었기 때문입니다. 하지만 인간이 전체의 일부라는 아들러의 말은 의미가 전혀 다릅니다.

인용에 나오는 "타인에 대한 관심"이라는 말을 지금까지 여러 번 썼습니다. 아들러는 영어로 쓴 저작에서 공동체 감각을 'social interest'로 번역했는데 이 말이 '타인에 대한 관심'이라는 뜻입니다. 많은 이가 '자신에 대한 관심self interest'밖

에 없는데 타인에 대한 관심social interest 즉 공동체 감각이 있는
사람만이 타인에게 공헌할 수 있고, 또 그렇게 해야 공헌감을
느낄 수 있습니다.

사람들을 범죄에 빠뜨리는 것은 어려운 경제 사정이 아니
다. 만일 힘겨운 시간이 닥치고 사람들이 심한 압박을 받으
면 범죄가 증가하리라는 것은 맞다. 통계는 생필품 가격이
오르면 덩달아 범죄가 증가한다는 것을 때때로 보여준다.
그러나 이것은 결코 경제 사정이 범죄의 원인이라는 확증이
아니다. 많은 사람이 자신의 행위에 한계를 가지고 있다는
것, 이것이 더 확고한 증거다. 그들은 협력하는 능력에 한계
가 있다. 이 한계에 부닥칠 때 그들은 더 이상 공헌할 수 없
으며, 마지막 남은 협력의 여지마저 잃어버리고는 범죄에
의지하게 된다. 또한 우리는 다른 여러 사실들로부터, 좋은
환경 속에 놓인 많은 사람이 그 자체로 범죄자는 아니지만
미처 자신이 대비하지 못한 어떤 문제가 발생할 경우 범죄
자가 될 수 있다는 사실을 발견한다. 이것이 그들의 생활양
식이고 문제를 마주하는 방법이다. 중요한 것은 바로 그것
이다.

개인심리학의 모든 조사를 마친 후 마침내 우리는 아주 간

단명료한 사실을 밝혀낼 수 있었다. 범죄자는 타인에게 관심이 없다. 협력도 어느 정도밖에 못 한다. 그 정도마저 다 소진되면 범죄로 향한다. 최후의 결정타는 그들로서 감당하기 힘든 어떤 문제가 생길 때 찾아온다. 인생의 보편적인 문제, 범죄자가 해결할 수 없는 문제가 무엇인지 곰곰이 살펴보면 흥미롭다. 궁극적으로, 우리 인생에서는 인간관계와 관련된 문제 외에는 어떤 문제도 없는 듯하다. 그리고 이 문제는 우리가 타인에게 관심을 가질 때만 해결할 수 있다.

_ 『인생의 의미의 심리학』, 제9장 범죄와 예방, '협력의 중요성'

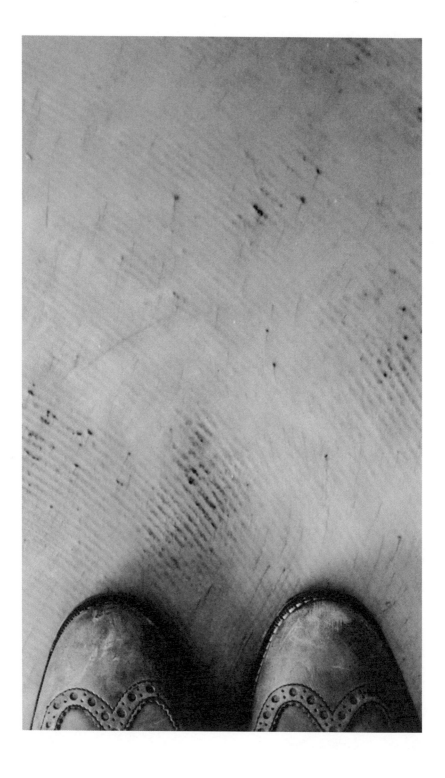

인정받으려는 노력이 우세하든 아니든
인정받으려 하면 늘 긴장하며 살게 된다.
이러한 긴장은 힘세고 우월한 목표를 눈여겨보고
그 목표를 이루기 위해 활동을 강화하고
목표에 다가서게 한다.
그리고 큰 승리를 기대하게 된다.
그런 사람은 현실과의 접점을 잃을 게 틀림없다.

_『성격심리학』

모든 것은
자기수용에서 시작된다

자신을 받아들이려면 '나는 특별히 좋거나 나쁘지 않아도 된다'고 생각하는 것이 핵심입니다.

．
．
．

그러면 왜 공헌감을 갖는 것이 필요한지가 다음 문제로 떠오릅니다. 공동체 감각이란 대체 어떤 감각^{gefühl}인지 세 가지 관점에서 생각해봅시다.

첫 번째는 '자기수용'입니다. 자신을 있는 그대로 받아들이는 것입니다. 있는 그대로의 자신이 마음에 안 들지라도 우리는 현실의 자신을 출발점으로 삼을 수밖에 없습니다. 앞에

아무것도 하지 않으면
아무 일도 일어나지 않는다

서 "중요한 것은 무엇이 주어졌느냐가 아니라 주어진 것을 어떻게 활용하느냐다"라는 아들러의 말을 소개했는데 개념은 이와 동일합니다. '나'는 다른 도구와 다르게 바꾸거나 교환할 수 없습니다. 아무리 결함이 있어도 '나'와 죽을 때까지 어우러져 살아갈 수밖에 없습니다. 따라서 이런 자신을 어떻게 가치 있게 쓸지 생각하는 것이 중요합니다. 그러기 위해서는 지금의 자신을 가치 있다 여기고 자신을 받아들일 필요가 있습니다. 하지만 실제로는 앞에서 본 것처럼 스스로를 가치 없다 여기고 자신을 믿어들이지 못하는 사람이 많습니다. 그 이유가 뭔지는 뒤에서 생각해보겠습니다.

자신을 받아들이려면 '나는 특별히 좋거나 나쁘지 않아도 된다'고 생각하는 것이 핵심입니다. 많은 사람이 자신은 특별히 뛰어나야 한다고 생각합니다. 하지만 여기서 뛰어나다는 것은 본래의 뛰어남이 아니라 타인과 경쟁에서 이기려 함을 의미합니다. 그런데 타인과의 경쟁에서 이기지 못하고, 그로 인해 남들의 기대를 채우지 못했다고 생각하는 순간, 돌변하여 특별히 못되게 굴려고 합니다. 못된 짓을 하면 남들에게 주목받을 수 있으니 특별히 못되게 굴려고 하는 것입니다. 그런 사람은 '보통이 될 용기'가 없습니다. 보통이 된다는 말은 평범하다는 의미가 아닙니다. 특별히 좋지도 나쁘지도 않은 있는 그대로의 자신을 받아들인다는 뜻입니다.

자신을 받아들이는 한 가지 방법은 자신의 단점을 장점으로 치환하는 것입니다. 어린 시절부터 어른들에게 단점과 결점만 지적받고 자란 사람은 대개 누가 장점이 뭐냐고 물어도 잘 대답하지 못합니다. 예를 들어 '집중력이 없다'면 '시야가 넓다'로 바꿔봅니다. '싫증을 잘 낸다'면 '결단력이 있다'고, '성격이 어둡다'면 '마음씨가 곱다'고 다르게 말할 수 있습니다. 자신을 어둡다고 생각하는 사람은 자신의 말과 행동이 다른 사람에게 어떻게 받아들여질지 늘 마음 쓰고 다른 사람에게 상처 주지 않으려고 배려하는 '마음씨 고운' 사람이라고 할 수 있습니다.

자기수용의 중요성에 대해 아들러는 이렇게 말합니다.

자신이 가치 있다고 생각할 때만 용기를 낼 수 있다.(『아들러 강연Adler Speaks』)

자기 스스로 '가치 있다'고 생각하면 자신을 받아들일 수 있습니다. 여기에서 말하는 "용기"란 인간관계 속으로 들어

갈 용기를 가리킵니다. 인간관계는 고민의 원천도 되지만 살
아가는 기쁨이나 행복 또한 줍니다. 그리고 그것은 타인과의
관계 속에서만 얻을 수 있습니다. 인간은 혼자서는 행복해질
수 없습니다. 그래서 아들러는 인간관계 속으로 들어갈 용기
가 필요하다고 말하는 것입니다.

살아 있는 것만으로
누군가에게 공헌하고 있다

갓난아기는 아무것도 하지 않지만 나날이 성장해가는 모습만으로, 다시 말해 살
아 있는 것 자체만으로 부모에게는 행복입니다.

> •
> •
> •

두 번째는 '타인 공헌(감)'입니다. 아들러는 앞에서 인용
한 말에 이어 이런 말을 합니다.

내가 가치 있다고 실감하는 순간은 내 행동이 공동체에 유익할 때
다.(『아들러 강연』)

아무것도 하지 않으면
아무 일도 일어나지 않는다

스스로 쓸모 있다, 공헌한다고 느낄 때 자신을 가치 있다 여기고 받아들일 수 있습니다. 지금 인용한 아들러의 말에는 풀이가 필요합니다.

먼저 앞에서 보았듯이 공동체는 기존의 사회와는 궤를 달리합니다. 예를 들어 정년퇴직하면 흔히들 기운을 잃습니다. 그런데 생각을 바꿔보면 사람은 누구나 여러 개의 공동체에 소속되어 있습니다. 가족, 지역사회, 국가, 나아가서는 더 큰 공동체까지. 그러니 퇴직 후에도 뭔가 공헌할 수 있다고 생각하기를 권합니다. 눈앞에 있는 작은 공동체에 연연할 필요는 없습니다.

공헌을 행동에만 국한해서 생각할 필요도 없습니다. 행동을 통해서만 타인과 사회에 공헌할 수 있다면 갓난아기나 자리를 보전하고 누운 고령자는 공헌이 불가능합니다. 그게 아니라 누구나 '존재 차원'에서 공헌할 수 있습니다. 뭔가를 하지 않아도 자신의 존재 자체가 타인에게 공헌한다고 느낄 때, 자신을 가치 있다고 여길 수 있습니다.

예컨대 갓난아기는 아무것도 하지 않지만 나날이 성장해가는 모습만으로, 다시 말해 살아 있는 것 자체만으로 부모에게는 행복입니다. 자리보전하고 누운 부모 또한 살아 있는 것

자체가 가족에게는 기쁨입니다.

자기 자신도 살아 있음으로써 타인에게 기쁨을 주고 공헌합니다. 살아 있다는 것, 있는 그대로의 자신을 출발점으로 삼을 수 있으면 어떤 자신이든 받아들일 수 있습니다. 인간은 누구나 같은 가치를 지니며 대등하다는 것이 아들러 심리학의 사상입니다.

진정한 인생의 의미는 공헌과 협력에 달려 있다고 추정할 수 있는 또 다른 힌트가 있다. 오늘날 우리가 선조들로부터 물려받은 우리 주변의 유산을 둘러보면 무엇이 보이는가. 남아 있는 것 전부가 인간 생활에 공헌한 것들이다. 우리는 경작된 대지, 도로, 건물을 본다. 선조들의 인생 경험이 맺은 결실이 전통, 철학, 과학, 예술, 그리고 인간 조건을 감당해내는 기술로 우리에게 전해 내려왔다. 이 모두가 인류의 행복에 공헌한 사람들로부터 우리가 물려받은 것이다.

_ 『인생의 의미의 심리학』, 제1장 인생의 의미, '공동체 감각'

신뢰: 조건 없이
누군가를 믿는 것

사람과 사람 사이 관계는 조건 달린 신용이 아니라 조건 없는 신뢰에 기초할
때 비로소 성립됩니다.

⋮

    세 번째는 '타인 신뢰'입니다. 타인을 '친구'라고 믿지 못
하면 타인에게 공헌하려는 생각도 하지 못합니다. 타인을 친
구로 신뢰하는 것이 타인 공헌의 전제입니다.

    여기서는 '신용'과 '신뢰'를 구별해야 합니다. 사전에는
이 둘을 구별해서 설명하지 않지만, 신용이란 조건을 달고 인
간을 믿는 것입니다. 은행에서 돈을 빌릴 때 담보가 없으면

빌려주지 않는 것처럼 말입니다.

반면에 신뢰란 무조건 다른 사람을 믿는 것입니다. 사람과 사람 사이 관계는 조건 달린 신용이 아니라 조건 없는 신뢰에 기초할 때 비로소 성립됩니다. 신뢰하는 상대에게 배신당하거나 상처 입을지 모르지만 그게 겁이 나서 인간관계 속으로 들어가지 못하면 누구와도 깊은 관계를 맺지 못합니다. 그러면 행복해질 수 없습니다.

이상 세 가지 요건은 순환 구조를 이룹니다. 요컨대 자신을 받아들이려면 공헌감이 있어야 하고 공헌감을 갖기 위해서는 타인을 적이 아니라 친구로서 신뢰할 수 있어야 합니다. 자기자신을 좋아하면서(받아들이면서) 타인을 적으로 본다는 건 있을 수 없는 일입니다.

사심 없는 사랑, 무조건적인 사랑을 대신할 수 있는 경험은 정말로 없다. 부모의 가장 중요한 과제는 아이에게 신뢰할 수 있는 '타인'을 처음으로 경험하게 해주는 것이다. 나중에 부모는 이 신뢰감이 아이의 환경 전체를 아우르도록 폭과 깊이를 더해줘야 한다. 만일 부모가 이 첫 번째 임무(아이의 관심과 애정과 협력을 얻어내는 일)에서 실패하면 아이는 사회적 관심과 타인과의 유대감을 발달시키기가 무척 힘들 것이다. 모든 사람은 타인에게 관심을 기울일 능력을 지니고 있다. 그렇지만 이 능력은 반드시 훈련되고 연습되어야만 한다. 안 그러면 이 능력의 발달은 지체되고 말 것이다.

_『인생의 의미의 심리학』, 제1장 인생의 의미, '어린 시절의 경험'

인생의 도전이 무한하다는 것은
우리에게 행운이다.
이를 추구하려는 인간의 노력은
결코 한이 없어서
늘 새로운 문제를 찾아내거나
만들어낼 수 있고
협력과 공헌을 위한
새로운 기회도 창출할 수 있다.

_『인생의 의미의 심리학』

야단치지 않고
용기 불어넣기

야단맞고 자란 사람은 다른 사람의 안색만 살피는 그릇이 작은 인간이 됩니다.

·
·
·

이 공동체 감각을 육성하는 것이 교육의 목적입니다. 앞에서 살펴봤듯이 아들러는 원래 사회주의에 관심이 많았습니다. 그래서 지체 없이 교사와 손잡고 아이들을 돕는 법을 가르쳤습니다. 그는 많은 아이에게 영향을 끼치는 교육개혁이 정치 변혁보다 이 세계를 평화롭게 개혁하는 데 더 효과적인 수단을 제공한다고 믿었습니다.

아무것도 하지 않으면
아무 일도 일어나지 않는다

그런 와중에 1919년 사회민주당이 빈의 실권을 잡고 이후 십여 년에 걸쳐 혁신적인 시정을 펼쳤습니다. 이 교육개혁의 일환으로 아들러는 아동상담소를 설립하여 학생들을 어떻게 대할지 조언을 구하는 교사들에게 상담을 해주고 아이와 부모를 위한 공개 상담을 실시했습니다.

아들러는 교사에게 거는 기대가 커서 "아이들의 마음을 형성하는 교사들 손에 인류의 미래가 달려 있다"(『아이의 교육』)라고 말할 정도였습니다. 반면에 부모를 바라보는 시선은 신랄했습니다. 아들러는 가정에서 잘못 교육받은 아이들을 학교에서 받아서 교사가 바로잡지 않으면 안 된다고 말했습니다. 또 부모는 '재교육'이 필요하다고도 했습니다. 하지만 『인생의 의미의 심리학』에서 "교사는 부모와 마찬가지로 인류 미래의 수호자며 교사가 해낼 수 있는 일은 헤아릴 수가 없다"라고 말한 것을 보면 아이 교육에 부모의 역할도 중시했음을 알 수 있습니다.

아들러 교육론의 기본은 '용기 부여'에 있습니다. 부모와 교사는 아이가 공동체 감각을 갖고 인간관계 속으로 들어갈 용기를 낼 수 있도록 지원해야만 합니다.

교육계에서는 전통적으로 '야단치는 것'과 '칭찬하는 것'

이 중시되었습니다. 하지만 아들러는 그 어느 쪽도 인정하지 않았습니다. 이게 무슨 의미일까요?

운동선수가 인터뷰에서 "선배와 코치에게 호되게 야단맞은 덕분에 오늘의 내가 있다"라고 말하는 것을 듣고 '엄하게 야단치며 키우는 것이 교육'이라고 믿는 부모가 있습니다. 하지만 그것은 착각입니다. 야단맞고 자란 아이는 스스로를 가치 없는 인간, 쓸모없는 인간이라고 생각하게 됩니다.

야단치는 행위는 위아래가 있는 인간관계를 전제로 합니다. 이 책 서문에서 저는 아들러가 "모든 인간관계는 '수직'이 아니라 '수평' 관계이며 모든 인간은 서로 대등하다"고 생각했다고 설명했는데, 부모와 자식의 관계가 대등하다고 생각한다면 부모는 아이를 야단칠 수 없을 것입니다.

느려 보이지만 실제로는 지진아가 아닌 모든 아이는 사회생활에 적응하는 문제에서 멈칫거리며 망설인다. 이처럼 완전히 새로운 환경과 맞닥뜨린 아이들을 돕기에 가장 좋은 위치에 있는 사람이 바로 교사다.

하지만 어떻게 이 아이들을 도울 수 있을까? 교사는 정확히 어머니가 해야 하는 일을, 아이와 유대감을 형성하고 아이의 관심을 이끌어내는 일을 해야 한다. 향후 아이들의 모든

아무것도 하지 않으면
아무 일도 일어나지 않는다

적응은 처음으로 그들의 관심을 끄는 것에 좌우되기 마련이다. 엄한 규율이나 처벌로는 절대 이 일을 해낼 수 없다. 아이들이 학교에 들어와서 선생님이나 친구들과 잘 지내는 것을 힘들어할 성우, 하지 말아야 할 최악의 행동은 그 아이들을 비난하고 야단치는 것이다. 이 방법은 자신이 학교를 싫어하는 건 옳은 일이라는 확신을 아이들에게 심어줄 뿐이다. 만일 내가 학교에서 만날 야단이나 맞고 꾸지람만 듣는 아이라면 될 수 있는 한 선생님들에게 관심을 꺼버릴 것이다. 그런 상황에서 벗어날 길을 찾고 학교를 멀리할 것이다.

_『인생의 의미의 심리학』, 제7장 학교가 미치는 영향, '교사의 역할'

야단치지 않는 것은 방임이 아니냐고 비판하는 사람도 있습니다. 하지만 필요할 경우 책임져야 한다는 사실을 아이는 배우지 않으면 안 됩니다. 제 아들이 만 두 살이던 어느 날, 우유가 들어 있는 머그컵을 들고 불안한 걸음으로 방 안을 걷기 시작했습니다. 아니나 다를까 도중에 걷다 넘어져서 우유를 엎지르고 말았습니다. 그 모습을 보고 저는 아들에게 이렇게 말했습니다. "이제 어떻게 하면 좋을까?"

아들은 잠시 생각하다 "걸레로 닦아"라고 대답했습니다. 그러더니 스스로 바닥을 닦았습니다. 다 닦은 아들에게 저는

"고마워"라고 인사했습니다. 왜 "고마워"라고 말했는지는 나중에 설명하겠습니다.

나아가 저는 아들에게 "앞으로 우유를 엎지르지 않으려면 어떻게 하면 좋을까?"라고 물었습니다. 아들은 다시 잠시 생각하더니 "앞으로는 앉아서 마실게"라고 대답했습니다. 인간은 누구나 실패하는 존재이며 실패했을 때 많은 것을 배울 수 있습니다. 하지만 실패는 한 번으로 족합니다. 몇 번이나 같은 실패를 되풀이해서는 안 됩니다. 저는 아들과 다음 기회에 어떻게 하면 실패하지 않을지 의논했습니다.

실패했다면 가능한 한 빨리 원상회복을 합니다. 이어서 그 실패로 인해 감정적으로 상처받은 사람이 있으면 사과합니다. 그리고 앞으로 같은 실패를 되풀이하지 않기 위해 어떻게 해야 할지를 의논합니다. 야단칠 필요는 전혀 없습니다.

어린아이라면 자신이 한 행동의 의미를 모를 수 있습니다. 그럴 때는 가르쳐주면 됩니다. 하지만 아이가 다 자랐는데도 부모에게 야단맞을 행동을 한다면 이는 전부 확신을 갖고 한 행동이라 할 수 있습니다. 그런 경우는 부모의 주목을 받기 위해 부모가 화낼 행동을 고의로 하는 것입니다. 무시당하는 것보다야 야단맞는 편이 낫다고 판단하고서 말입니다.

아무것도 하지 않으면
아무 일도 일어나지 않는다

또 야단맞고 자란 사람은 다른 사람의 안색만 살피는 그릇이 작은 인간이 됩니다. 인간이란 본래 각자 뾰족하게 튀어나온 부분이 있습니다. 이 뾰족 튀어나온 부분이 개성입니다. 그것을 단점이나 실점으로 간주하고 교정하려 들면, 또는 아무 일도 없는데 미리 야단쳐서 아이의 실패를 미연에 막으려 들면 어떻게 될까요? 뾰족하게 튀어나온 부분이 소멸되어 착한 아이로 자랄지는 모르지만 스스로 머리를 써서 창의적인 아이디어를 떠올리거나 뭔가를 해내는 사람으로는 자라지 못합니다.

칭찬하지 않고
용기 불어넣기

남편이 장을 잘 봐 왔다고 해서 남편에게 "잘했어요"라고 칭찬하지는 않습니다. 칭찬은 능력 있는 사람이 능력 없는 사람에게 하는 평가의 말입니다.

⋮

아들러는 야단치는 것만이 아니라 칭찬하는 것도 부정했습니다. 칭찬받고 자란 사람은 어떤 행동을 할 때 인정받기를 기대합니다. 문제는 아무도 보지 않으면 적절한 행동을 하지 않는다는 점입니다.

더 중요한 문제는 칭찬하는 것도 야단치는 것과 마찬가지로 아이를 대등한 존재로 보지 않는다는 사실입니다. 칭찬 또

아무것도 하지 않으면
아무 일도 일어나지 않는다

한 위아래가 있는 관계를 전제로 합니다. 예를 들어 어머니가 아이에게 가게에 가서 물건을 사 오라고 부탁했다 해봅시다. 아이가 물건을 잘 사 오면 "잘했어"라고 칭찬할 겁니다. 하지만 아내가 남편에게 장 좀 봐 오라고 부탁했을 때 남편이 장을 잘 봐 왔다고 해서 남편에게 "잘했어요"라고 칭찬하지는 않습니다. 칭찬은 능력 있는 사람이 능력 없는 사람에게 하는 평가의 말입니다. 칭찬을 한다는 것은 그 사람이 타인과의 인간관계를 상하관계로 보고 있다는 증거입니다. 아이든 어른이든 인간관계에서 아래에 있는 것을 달가워할 사람은 없습니다. 칭찬받으면 기쁘다고 말하는 사람은 자신에게 능력이 없다는 것을 타인에게 인정받고 싶어 한다는 뜻임을 알아야 합니다. 이런 속성을 알면 칭찬받는다고 해서 자신이 가치 있다고는 생각하지 못할 것입니다.

따라서 아이가 심부름을 해준 경우에도 어른을 대할 때와 마찬가지로 "덕분에 한숨 돌렸네, 고마워"라고 감사의 마음을 전해야 합니다. 방금 전 소개한 저와 아들의 일화에서 저는 걸레로 바닥을 닦은 아들에게 "잘했어"가 아니라 "고마워"라고 말했습니다.

부모에게 "고마워" "덕분에 한숨 돌렸네"라는 말을 들으

면 아이는 "내가 어머니(아버지)에게 도움이 되었어"라고 공헌
감을 느낍니다. 공헌감을 느낀다는 것은 자신이 가치 있다(그
런 자신이 좋다)고 생각한다는 뜻입니다. 이것이 나아가 인간관
계 속으로 들어갈 용기를 줍니다.

　이처럼 용기를 낼 수 있게 돕는 것을 아들러 심리학에서
는 '용기 부여'라고 합니다. 다만 이 말에서 연상되는 것처럼
타인(예를 들면 아이)에게 뭔가를 시키려고 술수를 쓰라는 뜻은
아닙니다.

　용기 부여에 관해서는 다음과 같은 주의가 필요합니다.
자신이 공헌에 주목하고 다른 사람에게 "고마워"라고 인사한
다고 해서 다른 사람에게도 "고마워"라는 인사를 기대해서는
안 된다는 것입니다. 앞에서 언급한 것처럼 "간병이든 육아
든 '고맙다'는 인사를 기대하지" 않아야 합니다. "고마워"라
는 말을 기대하는 사람 역시 인정 욕구가 있다고 볼 수 있습
니다.

아무것도 하지 않으면
아무 일도 일어나지 않는다

언제나 새로운 자신이
될 수 있다

자신에 대한 견해와 타인에 대한 견해(니씻이 생활양식의 의미입니다)가 달라지면
모든 것이 다르게 보입니다.

⋮

야단맞거나 칭찬받으며 자란 아이는 어른이 되어서도 어
떻게 하면 야단맞지 않을까, 어떻게 하면 칭찬받을 수 있을까
만 생각합니다. 그런 의미에서 자기 외에는 관심이 없습니다.

자기 외의 것에 관심이 없는 사람은 타인에 대한 관심, 즉
공동체 감각이 없는 사람입니다. 교육이란 자고로 어린 시절
에 잘못을 바로잡아주는 것입니다. 아이가 자신의 생활양식

을 정하는 시기가 열 살 전후라고 본다면 빠른 시기에 생활양식을 올바로 시정할 필요가 있습니다. 어린 나이에는 비교적 쉽게 잘못된 생활양식을 바꿀 수 있습니다. 물론 그렇다고 어른이 되면 생활양식을 바꿀 수 없다는 말은 아닙니다. 언제든 바꿀 수 있습니다. 하지만 흔히 지금까지와 다른 생활양식을 택하면 다음 순간 무슨 일이 일어날지 알 수 없고, 차라리 그럴 바에야 지금의 생활양식이 부자유스럽고 불편해도 그냥 고수하자고 결심하게 됩니다. 따라서 변하지 말자는 이 결심을 버려야 합니다.

이런 어린 시절의 노력이 뒷날 성공을 위한 가장 훌륭한 밑거름이 된다. 서너 살 난 여자아이가 인형 모자를 만들고 있다고 해보자. 아이는 인형에게 씌워주려고 열심히 모자를 꿰맨다. 그걸 보고 우리는 아주 멋진 모자라고 하면서 어떻게 하면 더 잘 만들 수 있는지 암시해준다. 아이는 용기를 얻고 자극을 받는다. 그리하여 더욱 노력을 기울이고 기술을 갈고닦을 것이다. 그런데 우리가 아이에게 이런 말을 한다면 어떻게 될까? "거긴 바느질을 아래쪽으로 해야지. 꿰맨 자국이 보이잖아. 네가 모자 만든다고 할 때부터 알아봤어. 그런 걸 뭐하러 만드니? 밖에 나가면 훨씬 더 좋은 모자

를 살 수 있는데." 그 말을 듣는 순간 아마 아이는 스스로 노
력하기를 포기해버릴 것이다.

_ 『인생의 의미의 심리학』, 제10장 직업의 문제, '직업 선택에 영향을 미치는 몇
가지 요인'

이제 어떤 생활양식을 선택하면 좋을지는 분명해졌다
고 생각합니다. 자기에게만 관심을 가질 게 아니라 타인에게
도 관심을 기울이고 공헌하기로 결심하면 됩니다. 굳이 뭔가
를 하지 않아도 자신의 존재 자체로 타인에게 공헌할 수 있다
고 앞에서 설명했습니다. 공헌할 수 있다고 생각하면 자신이
가치 있다고 여길 수 있습니다. 그랬을 때 타인은 이미 '적'이
아니라 '친구'가 됩니다. 자신에 대한 견해와 타인에 대한 견
해(이것이 생활양식의 의미입니다)가 달라지면 모든 것이 다르게
보입니다. 퍼스널 컴퓨터나 스마트폰에는 OS(오퍼레이팅 시스
템, 기본 소프트웨어)가 들어 있는데, 그것을 갱신했을 때와 흡사
합니다. 하드웨어는 같아도 OS가 새로워지면 새 컴퓨터와 스
마트폰이 되는 것처럼, 생활양식을 바꾸면 다른 자신으로 교
환할 수는 없어도 새로운 자신이 될 수 있습니다.

인생의 의미에 대해
우리는 때로 잘못 인식할 수가 있다.
그럴 때 잘못 해석된 상황을 재고하고
잘못을 인정하고,
의미부여를 재검토함으로써 수정된다.

_『인생의 의미의 심리학』

이상만이 현실을 바꿀 힘을 가지고 있다

지금까지 4부에 걸쳐 아들러 심리학에 대해 설명했습니다. 마지막으로 아들러는 자신의 저작과 전 세계를 돌며 했던 강연 활동을 통해 대체 우리에게 무엇을 전하고 싶었던 것인지 생각해봅니다.

우선 부모든 아이든, 상사든 부하 직원이든, 성별이 무엇이든 관계없이 모든 인간이 대등한 수평 관계에 있다는 사실입니다. 인간의 가치는 위아래가 없고 누구나 같은 권리를 갖고 있으므로 누가 누구를 수단으로 대할 수 없습니다.

아무것도 하지 않으면
아무 일도 일어나지 않는다

다음으로 인간은 누구에게도 지배받지 않는다는 사실입니다. 어떻게 자랐든, 과거에 어떤 경험을 했든 그 어떤 것의 지배도 받지 않습니다. 또한 감정의 지배도 받지 않습니다. 자신이 아무것에도 지배받지 않는다면 자신 또한 아무것도 지배할 수 없습니다.

이 두 가지 개념이야말로 진정한 의미에서 민주주의이자 "개인의 행복과 인류의 행복에 가장 큰 공헌을 하는 것"(『인생의 의미의 심리학』)이라고 저는 생각합니다. 아들러는 이 세계를 변혁하고 싶어서 의사가 되었다고 말했습니다. 그가 어떤 세계를 꿈꾸었는지 이제는 여러분 눈에도 보이지 않을까 생각합니다.

인간은 모두가 대등합니다. 이를 이해하기란 어렵지 않습니다. 하지만 지금도 많은 사람이 어린아이와 젊은이, 부하 직원을 당연하다는 듯이 칭찬하고 야단치고 있습니다. 그것은 다른 사람을 지배하고 조작하려는 행위와 다름없으며, 그렇게 해서 맺은 인간관계는 결코 진정한 수평 관계라고 할 수 없습니다. '훈육을 하려면 야단도 쳐야 한다'라고 생각하는 사람이 있는 한 이 세상에서 학대와 체벌은 사라지지 않을 것입니다. 마찬가지로 인간이 대등하다는 말이 인간관계에서 어떤 의미인지 이해 못 한 채 그저 정치적 슬로건으로만 내세우다면 이 세상에서 전쟁은 사라지지 않을 것입니다. 대등한 관계라면 어떤 문제가 일어나든 힘이 아니라 대화로 해결할 수 있습니다.

아들러가 말하는 '공동체 감각'은 여전히 이상에 불과합니다. 모든 인간이 타인을 친구로 여기고 서로 협력하는 세계가 그리 간단히 출현하리라고는 생각하지 않습니다. 하지만 실현되지 않았기 때문에 이상인 것이고, 이상만이 현실을 바꿀 힘을 갖고 있습니다.

오늘날 우리가 문화에서 누리는 모든 혜택은 열심히 '공헌하려고 애쓴' 사람들 덕분에 가능해졌다. 만일 개인들이 협력하지 않는다면, 타인에게 아무 관심이 없다면, 전체에 어떤 공헌도 하지 않는다면 그들의 삶은 헛되고, 이 세상에서 흔적도 없이 사라지고 만다. 공헌한 사람들의 업적만이 계속 살아남는다. 그들의 영혼은 죽지 않고 영원한 생명을 이어간다. 우리가 이것을 기준으로 삼아 아이들을 가르친다면, 아이들은 협력하기를 당연히 좋아하는 사람으로 자라날 것이다. 이런 아이들이라면 어려움과 맞닥뜨릴 때 결코 약해지지 않을 것이다. 아무리 어려운 문제라도 거뜬히 맞서

아무것도 하지 않으면
아무 일도 일어나지 않는다

면서 모두에게 이익이 되는 방향으로 해결해낼 만큼 강한 사람이 될 것이다.

_『인생의 의미의 심리학』, 제9장 범죄와 예방, '어린 시절이 협력에 미치는 영향'

'현실은 이렇다'라고 현실 추인만 한다고 해서 세상은 변하지 않습니다. 앞으로 아들러의 사상을 접하고 대등한 것이 무엇인지를 생각하는 사람이 늘어난다면 세상은 좋은 방향으로 발전할 것입니다. 그러기 위해 우리는 매일의 일상 속에서 무엇을 할 수 있을까를 고민하지 않으면 안 됩니다. 이 책이 그러한 생각을 하는 계기가 되어준다면 그보다 기쁜 일은 없을 것입니다.

아무것도 하지 않으면
아무 일도 일어나지 않는다

| 펴낸날 | 초판 1쇄 2016년 10월 5일 |
| | 초판 29쇄 2024년 12월 1일 |

지은이	기시미 이치로
옮긴이	전경아
펴낸이	심만수
펴낸곳	(주)살림출판사
출판등록	1989년 11월 1일 제9-210호

주소	경기도 파주시 광인사길 30
전화	031-955-1350 팩스 031-624-1356
홈페이지	http://www.sallimbooks.com
이메일	book@sallimbooks.com

| ISBN | 978-89-522-3510-7 03180 |

※ 값은 뒤표지에 있습니다.
※ 잘못 만들어진 책은 구입하신 서점에서 바꾸어 드립니다.